KB029156

크리스 하먼의

새로운 제국주의론

오늘날의 마르크스주의 04

크리스 하먼의

새로운 제국주의론

크리스 하먼 • 이수현 옮김

책갈피

오늘날의 마르크스주의 04

크리스 하먼의 새로운 제국주의론

지은이 크리스 하먼
옮긴이 이수현
펴낸곳 도서출판 책갈피

초판 발행일 2009년 8월 1일

등록 2000년 2월 21일(제6-0484호)
주소 서울특별시 중구 필동2가 106-6 2층
전화 (02)2265-6354
팩스 (02)2265-6395

ISBN 978-89-7966-066-1 03300
ISBN 978-89-7966-062-6(세트)
값 5,900원

잘못된 책은 바꿔 드립니다.

차례

일러두기

1. 이 책은 C Harman, 'Analysing Imperialism', *International Socialism* 99(Summer, 2003)을 번역한 것이다.
2. 인명과 지명 등의 외래어는 최대한 외래어 표기법에 맞춰 표기했다.
3. 원문의 주는 후주로 처리했고, 옮긴이가 독자의 이해를 돕기 위해 덧붙인 설명은 각주로 처리했다. 또 본문에서 [ ]는 옮긴이가 문맥을 매끄럽게 하기 위해 덧붙인 것이고, 저자가 첨가한 것은 [— 하먼]이라고 표기했다.
4. 원문에서 이탤릭체로 표시된 부분은 고딕체로 표시했다.
5. 책과 잡지는 ≪ ≫로, 신문과 주간지는 〈 〉로, 논문과 신문 기사 제목은 " "로 표시했다.

들어가며

전 세계 거의 모든 주요 도시에서 벌어진 미국의 이라크 공격 반대 시위는 평화를 염원하는 것이었을 뿐 아니라 '제국주의'에 반대하는 것이기도 했다. 미국 정부의 행동을 별로 혐오할 것 같지 않은 사람들조차도 제국주의라는 낱말을 사용했다.

그러나 21세기 초에 제국주의가 의미하는 것이 무엇인지는 명확하지 않다. 어떤 사람들은 지난 250여 년에 걸친 자본주의 발전의 정점, 즉 "자본주의의 최고 단계"가 제국주의라고 주장한다. 또 어떤 사람들은 체제 전체에 꼭 필요하지는 않지만 그런대로 수익성 있는 원료나 투자를 강탈하는 것, 또는 미국 지배계급의 한 부분인 군산복합체의 이윤 증대 노력이 제국주의라고 주장한다. 심지어 어떤 사람들은 국가들이 다른 국가들을 정복하는 것은 특정 정치 지도자들이 추구하는 낡은 관행으로, 체제 전체의 동역학과 모순되는 것이라고도 주장한다. 그래서 아주 영향력 있는 책 ≪제국≫의 공저자인 마이클 하트는 "미국은 옛 유럽의 모델을 따라 세계 규모로 빠르게 제국주의 열강이 되고 있다"고 말하면서도, "전 세계의 산업계 지도자들은 제국주의가 세계적 흐름을 방해하는 장벽을 만들므로 사업에는 좋지 않다는 것을 알고 있다"고 재빨리 덧붙인다.[1] 그리고 이라크 공격 직전, 프랑스 금융거래과세시민연합ATTAC의 지도자이며 세계사회포럼의 핵심 인물이기도 한 베르나르 카상은 "전쟁이 일어나든 안 일어나든 B-52 폭격기와 특수부대들 때문에 브라질의 빈곤과 아르헨티나의 기아가 달라지지는 않을 것"이라고 주장했다.[2]

세계에서 가장 강력한 — 그리고 가장 위험한 — 국가가 감행한 최근 공격에 항의하는 것에 동의하는 사람들 사이에도 견해 차이가 있었다. 그러나 그런 차이는 장기적으로 우리가 어떻게 저항할 것인지를 결정하는 데서 여전히 중요하다. 만약 제국주의가 더 넓은 체제의 동역학과는 동떨어진 일련의 국가 행위라면, 국가에 대한 개혁 압력을 통해 평화를 이끌어 낼 수 있을 것이다. 심지어 전쟁 드라이브를 체제의 더 광범한 경향 — 체제 옹호자들이 말하는 '자유무역'이든 아니면 반대자들이 말하는 '제국'이든 간에 — 과 반대되는 것으로 볼 수도 있을 것이다. 그와 반대로, 제국주의가 체제 전체와 유기적으로 연관돼 있다면, 그 위협을 제거하기 위해서는 체제 자체를 전복해야 할 것이다.

제1부
고전적 제국주의론

자본주의 체제에서 제국주의가 차지하는 중요성을 설명한 저작 중 가장 유명한 것은 레닌의 소책자 ≪제국주의 — 자본주의의 최고 단계≫다. 그 책은 제1차세계대전 와중에, 전쟁에 의존하는 것이 "자본주의의 최고 단계"의 결과임을 보여 주는 "대중적 개설서" 목적으로 쓰였다.

> 자본주의는 극소수 '선진'국들이 식민지 억압과 금융 수탈을 통해 전 세계인의 대다수를 지배하는 세계 체제로 성장했다. 그리고 그 '전리품'을 세계를 지배하는 몇몇 해적들(미국, 영국, 일본)이 나눠 가졌고, 그들은 철저히 무장한 채 전 세계를 전리품 분배를 둘러싸고 자기들끼리 벌이는 전쟁으로 몰아넣고 있다.[3]

레닌은 자본주의 열강들이 "관련 국가들의 힘, 즉 경제·금융·군사·기타 전반적 힘에 대한 계산"을 기초로 자기들끼리 세계를 분할했음을 지적한다. 그러나 "이들 관련 국가들의 상대적 힘이 일률적으로 변하는 것은 아닌데, 자본주의 체제에서는 다양한 사업, 트러스트, 산업 분야, 나라가 균등하게 발전할 수 없기 때문이다." 한때 열강들의 상대적 힘의 차이에 조응했던 세계 분할이 20~30년 뒤에는 더는 맞지 않게 된다. 세계 분할은 재분할을 둘러싼 투쟁으로 나아가게 된다.

> 평화적 동맹은 전쟁을 위한 기초를 놓고 이것은 전쟁으로 발전한다. 전자는 후자의 조건이며, 세계 경제와 세계 정치의 제국주의적 연관과 상호 관계라는 똑같은 기초 위에서 평화적 투쟁과 비평화적 투쟁이라는 형태 전환이 일어난다.[4]

레닌의 이론은 단지 열강들 간의 군사적 충돌에 관한 이론만은 아니다. 그는 그런 충돌이 자본주의 자체가 변한 결과라고 주장했다.

> 50여 년 전 마르크스가 《자본론》을 썼을 때 경제학자들의 대다수는 자유경쟁을 '자연법칙'으로 받아들였다. …… 마르크스는 자유경쟁이 생산 집중을 부르고, 이것이 이번에는 특정 발전 단계에서 독점을 낳는다는 것을 입증했다. 오늘날 독점은 하나의 사실이 됐다. …… 생산 집중의 결과인 독점의 성장은 자본주의

의 현재 발전 단계의 일반적 · 근본적 법칙이다. …… 유럽의 경우를 보면, 새로운 자본주의가 옛 체제를 확실히 대체한 시기를 꽤 정확히 추적할 수 있다. 그것은 20세기 초였다.[5]

이것은 옛 자유경쟁과는 분명히 다르다. 옛 자유경쟁에서는 제조업체들이 멀리 떨어져 서로 연관되지 않은 채 미지의 시장을 위해 생산했다. 그런데 이제 한 나라, 심지어 우리가 본 것처럼 여러 나라, 전 세계의 모든 원료 산지(예를 들어 철광석 산지)에 대한 근사치 계산이 가능할 만큼 [생산의] 집중이 진전됐다. 그러한 계산이 이뤄지고 있을 뿐 아니라, 그런 원료 산지들을 독점 대기업들이 장악하고 있다. 시장 가능성도 대충 계산되며, 이 대기업들은 협정을 통해 자기들끼리 시장을 '분할'한다. 숙련 노동력을 독점하고, 최고의 기술자들을 고용하고, 미국의 철도, 유럽과 미국의 선박회사 등 운송 수단도 장악한다.[6]

그러나 일단 이 단계에 도달하면 대기업들 간의 경쟁은 더는 과거의 시장적 방식만 따르지 않게 된다. 경쟁자들이 원료를 획득하지 못하도록 원료를 지배하고, 그들이 운송 시설을 확보하는 것을 차단하고, 그들을 업계에서 몰아내기 위해 손해를 감수하면서까지 제품을 판매하고, 그들이 대출을 받지 못하도록 방해하는 등 온갖 수단들을 사용한다. "소기업과 대기업, 기술적으로 선진적인 기업과 후진적인 기업 사이의 경쟁은 더는 존재하지 않는다. 우리는 여기서 독점자본가들이 자신들의 독점 · 지배 · 명령에 복종하지 않는 자들을 모두 억압하는 것을 보게 된다."[7] "독점기업들은 모든 곳에서 독점의 원칙들을 제시했다. 즉, 수지맞는 거래를 위해 '제휴'를 이용한다는 원칙이 공개적 시장 경쟁을 대체한 것이다."[8]

그리고 이런 제휴 가운데서 가장 중요한 것은 어떤 나라에 기반을 가진 독점 기업들과 그 국가의 연계다. 레닌은 이 설명을 입증하기 위해 네 가지 주요 산업 — 철강, 아연, 석유, 유럽과 북아메리카의 전기 상선 — 의 경험을 인용했다. 이를 통해 그가 내린 결론은 국내에서 독점이 발전한 결과 국가권력을 사용해 해외에서 영향력을 확보하려 한다는 것이다. 독점 기업들 간의 경쟁은 세계 여러 지역을 차지하려는 국가들 간의 투쟁으로 바뀌었다.

> 자본가들이 세계를 분할하는 것은 특별히 나쁜 뜻이 있어서가 아니라 집중의 정도가 심해져 이윤을 얻기 위해서는 이 방식을 채택할 수밖에 없기 때문이다. 그리고 그들은 "자본에 비례해," "힘에 비례해" 세계를 분할하는데, 상품생산과 자본주의 체제에서는 다른 분할 방식이 있을 수 없기 때문이다.[9]
>
> 자본주의의 최근 단계인 이 시대는 경제적 세계 분할에 기초한 자본주의 기업연합들 간의 특정 관계들이 발전함을 보여 준다. 이와 나란히, 그리고 이와 관련해, 세계의 영토 분할, 식민지

획득 투쟁, '영향권' 확보 투쟁에 기초한 정치적 동맹들이나 국가들 간의 특정 관계들도 발전한다.[10]

이것은 영국 · 프랑스 · 러시아 · 벨기에 · 네덜란드 등 대제국들의 세계 분할로 나타났는데, 그들은 레닌 시대에 아시아와 아프리카의 대부분을 자기들끼리 분할했다. 그러나 제국주의는 오늘날 '제3세계'라고 부르는 지역을 열강들이 분할한 것 이상을 의미한다고 레닌은 주장했다. 그는 칼 카우츠키가 다음과 같이 쓴 것을 비판했다. "제국주의는 …… 대규모 농업 지역에 어떤 민족들이 거주하든 상관없이 그런 지역을 모두 지배하거나 병합하려는 모든 산업자본주의 국가의 노력이다."[11] 레닌은 제국주의의 세계 분할은 갈수록 산업 지역으로 집중된다고 주장했다. "제국주의의 특징적 양상은 단지 농업 지역뿐 아니라 심지어 최고로 산업화한 지역도 병합하기 위해 투쟁한다는 점이다(독일은 벨기에를 탐내고 프랑스는 로렌을 탐낸다)."[12]

레닌의 볼셰비키 동지인 부하린 — 그의 ≪제국주의와 세계경제≫는 레닌의 책이 나오기 직전에 쓰였지만 나중에 출판됐고 레닌의 서문이 실려 있다 — 은 똑같은 점을 다음과 같이 강력하게 주장했다.

전에는 많은 개인 소유 기업들이 서로 경쟁한 반면, 이제는 소수의 자본주의적 대기업 집단들이 치열하게 경쟁하며 복잡하고 상당히 계획적인 정책을 추구하고 있다. 결국 모든 생산 분야에서 경쟁이 멈추는 시대가 도래한다. …… 집중 과정이 급속히 진행된다. 기업집단들은 …… 산업과 금융에서 …… '국민'생산 전체를 통합하는데, 그것은 기업들의 기업이라는 형태를 취하며, 그리하여 국가자본주의 트러스트가 되고 있다. 경쟁이 최고의, 그리고 상상할 수 있는 최후 발전 단계에 도달한다. 그것은 이제 세계 시장에서 국가자본주의 트러스트들이 벌이는 경쟁이다. …… 경쟁은 '국민'경제라는 경계 안에서는 최소한으로 축소되지만, 과거의 역사적 시기에는 불가능했을 만큼 엄청나게 격화했을 뿐이다. …… 무게중심은 '국민'들의 세계적 대결에서 싸울 능력이 엄청나게 큰 통합되고 조직적인 거대 경제기구들의 경쟁으로 이동한다. …… 제국주의적 합병은 자본 집중이라는 자본주의의 일반적 경향이 일반적으로 적용된 한 사례일 뿐이다.

집중은 두 종류로 구분할 수 있다. 하나는 한 경제단위가 같은 종류의 다른 단위를 흡수하는 것이며, 다른 하나는 우리가 수직적 집중이라고 부르는 것, 즉 한 경제단위가 다른 종류의 다른 단위를 흡수하는 것이다. …… 수평적인 제국주의적 합병 사례는 [제1차세계대전 당시 ― 하먼] 독일의 벨기에 점령이며, 수직적 합병 사례는 영국의 이집트 점령이다. …… 흔히 제국주의를 식민지 정복쯤으로 환원하곤 한다. …… 그러나 이제 근본적 재분할

의 시대가 도래했다. 심지어 [제국주의] 본국 영토조차도 재분할 과정에 휘말린다.[13]

레닌과 부하린의 저작들은 제1차세계대전이 한창일 때 출간됐으며, 그들의 목적은 전쟁의 배후에서 작용하는 힘들을 설명하는 것이었다. 그 저작들의 지속적 설득력은 이른바 "20세기의 30년 전쟁" — 유럽을 산산조각 냈고, 모두 5000만 명을 죽게 만들고, [영국] 해협에서 볼가까지 전 지역을 황폐하게 만들고, 세계 오지의 수많은 사람들조차 전쟁의 소용돌이에 빠뜨린 대규모 군사적 충돌들 전체 — 에 대해 여전히 설득력 있는 설명을 제공한다는 점이다. 그 설명은 유럽과 북아메리카에서 전쟁 반대자들을 자극해, 군국주의뿐 아니라 경제체제 전체에도 반대하게 만들었다. 또, 제국의 족쇄에서 벗어나기 위해 투쟁하는 제3세계 민중 한 세대를 자극해 그들이 선진국 노동자 운동과 모종의 이해관계를 공유하고 있다고 여기게 만들었다.

제국주의론에 대한 비판들

이 제국주의론의 진정한 설득력 때문에 이를 반박하려는 시도들이 거듭 나타났다. 스탈린주의의 절정기에 부하린은 권력을 상실한 상태였으므로,[14] 비판 — 그리고 옹호 — 은 대부분 레닌의 소책자를 겨냥했다.

대체로 그 비판은 서로 연관된 두 전선에 집중됐다. 그 비판은 서방 식민주의 제국들의 대규모 확장과 자본주의 동역학 사이의 경험적 연관을 일절 거부했다. 그리고 대다수 자본가들에게는 방대한 영토를 차지하기 위한 군사적 투쟁이 아니라 평화로운 자유무역을 추구하는 것이 가장 수익성 높은 방식이라고 주장했다.

첫 번째 주장을 다루는 것은 어렵지 않다. 서구 제국들이 대규모로 성장한 시기는 19세기의 마지막 25년이었다. 일부 유럽 열강들(영국, 네덜란드, 프랑스)은 이미 이전 자본주의 발전 단계에서 물려받은 제국을 보유하고 있었지만, 1880년대에 와서야 자기들끼리 세계 전체를 분할하려 했다. 1876년에는 아프리카의 10퍼센트만이 유럽의 지배를 받았지만, 1900년에는 90퍼센트 이상이 식민지가 됐다. 같은 시기에 영국 · 프랑스 · 러시아 · 독일은 중국에서 조차지租借地를 확장해 광범한 영향권을 확립했다. 일본은 조선과 타이완을 차지했다. 프랑스는 인도차이나 전 지역을 점령했다. 미국은 스페인한테서 푸에르토리코와 필리핀을 빼앗았다. 영국과 러시아는 이란을 비공식 분할하기로 합의했다.

바로 이 시기에 자본 수출이 당시 세계의 가장 유력한 자본주의 나라였던 영국 경제의 주요 특징이 됐다. 해외 주식 투자 총액이 1883년 9500만 파운드에서 1889년에는 3억 9300만 파운드로 증가했다. 이것은 머지않아 영국 국민총생산의 8퍼센트와 맞먹게 됐으며 저축액의 50퍼센트를 흡수했다.[15] 영국의 최대 식민지 인도는 영국 상품 수출의 12퍼센트와 자본 수출의 11퍼센트를 차지했고, 영국의 국제수지를 흑자로 만들어 줌으로써 영국이 세계의 다른 지역에 투자하는 데 도움을 줬다.[16] 그와 동시에, 당시의 첨단기술산업에 필요했던 많은 원료들(마가린과 비누 제조에 필요한 식물성 기름, 전기공업용 구리, 막 시작된 자동차 산업에 필요한 고무와 석유 등)이 식민지 지역들에서 유입됐다.

영국에서 1870년대와 1880년대 초는 시장 불황, 물가 하락, 낮은 이윤과 배당금의 시기였다. 그러나 해외투자 증가와 함께 이 '대불황'도 끝났다.[17]

상품 수출은 말할 것도 없고 자본 수출이 식민지로 갔다는 것도 사실이 아니다. 많은 부분이 미국으로 갔고, 상당 부분은 아르헨티나 같은 라틴아메리카 나라들로 갔다. 그러나 정치인들과 기업인들에게 중요한 것은 "영국이 바다를 지배한다"는 것이었다. 하나의 세계 제국으로서 세계 일부 지역을 직접 지배하는 것이 다른 지역에 대한 패권 — 그리고 경제적 이익 수호 — 에 도움이 됐다.

내가 다른 곳에서 주장했듯이,

식민지는 식민 열강의 자본가들에게 안전한 투자처를 제공했다.

또한 다른 지역에 투자하는 경로를 보호하기 위한 군사기지도 제공했다. 몰타, 키프로스, 이집트, 남예멘, 희망봉 같은 영국 속령들은 이윤의 원천이었을 뿐 아니라 인도로 가는 경유지로서도 중요했다. 그리고 "왕관의 보석"인 인도는 싱가포르, 말레이반도의 주석과 고무, 새로 열린 중국 시장, 호주와 뉴질랜드의 부유한 지역들로 나아가는 경유지였다. 제국은 영국이 감기에 걸리는 것을 막아 주는 스웨터 같은 것이었다. 즉, 실 한 가닥은 별로 중요하지 않은 것처럼 보이지만, 하나라도 끊기면 나머지 전체가 풀리기 시작할 것이다. 제국 운영자들, 런던 금융계의 그 동료들, 영국 산업계의 그 친구들이 사태를 파악하는 방식은 적어도 그랬다.[18]

영국 자본주의가 가는 곳은 다른 자본들도 따라가고 싶어 했고 이들도 능력껏 약탈하기 시작했다. 그것은 대체로 선착순 경기였다. 프랑스는 아프리카 북부와 서부의 방대한 지역을 차지했고, 벨기에 왕은 콩고 지역의 방대한 영토를 점령했고, 네덜란드는 여기저기 흩어져 있던 동인도제도의 보유지들을 현대적 제국으로 통합했다. 그러나 산업에서 영국 자본주의를 따라잡기 시작한 유럽의 한 나라, 즉 독일은 그 경주의 마지막 참가자로서, 감투상으로 탕가니카(현재 탄자니아의 주요 지역), 아프리카 남서부(나미비아), 카메룬, 토고, 르완다-부룬디를 받았을 뿐이다.

세기가 바뀔 무렵, 독일 산업계에서는 독일이 식민지를 더 많이 소유해야 — 또는 적어도 동유럽과 남동부 유럽으로 영향권을 넓혀야 — 독일 기업들이 세계무대에서 경쟁할 수 있다고 주장하는 독일 국민자유당(1918년 이후 독일인민당)과 연계된 목소리가 높아졌다.

1890년대와 1900년대 — 또는 이 문제라면 1920년대와 1930년대 — 를 어떤 방식으로 고찰하든 간에, 자본가계급들은 제국을 긍정적인 경제적 이익으로 여겼다는 것을 알 수 있다. 특정한 제국주의적 모험으로 얻을 수 있는 이익에 대해서는 견해 차이가 있었을지라도 제국의 이점 일반에는 큰 견해 차이가 없었다.

그러나 두 번째 비판은 여전히 남아 있다. 시장을 붕괴시키는 전쟁에 자신이 낸 세금이 탕진되는 것을 보는 것이 정말로 기업인들에게 이로운 것이었는가? 그들은 군비軍備 지출과 식민지 경영에서 직접 얻는 협소한 이익보다 자유무역과 평화적 시장 경쟁에 근거한 정책의 추진을 선호하지 않았을까?

이것은 원래 영국의 자유주의 경제학자 홉슨이 1902년의 저작에서 제시한 제국주의론의 내용이었다. 그는 제국주의를 특정 금융 기구들과 관계있는 한 이익집단의 산물로 여겼다. 그들은 국내 산업투자에 뒤따르는 위험을 무릅쓰지 않고 해외 대출의 대가로 이자를 챙기는 방식을 선택했으며, 그 투자의 안전성을 국가가 보장하게 하는 방법으로 식민지 확장을 환영했다.

막대한 비용이 들었지만, 불충분하고 불안한 소규모 시장 확대만 수반했을 뿐 다른 민족들의 강력한 분노를 불러일으킴으로써 나라 전체의 부를 위태롭게 했다는 점에서 지난 30년간 제국주의는 분명히 비난받는 경제정책이었음을 고려할 때, 우리는 "어떻게 영국은 그토록 불건전한 사업에 착수하게 됐는가?" 하는 질문을 던지게 된다. 내놓을 수 있는 대답은 하나, 즉 나라의 자원에 대한 관리권을 빼앗아 이를 자신들의 사익私益을 위해 사용한 특정 집단의 이해관계가 나라 전체의 경제적 이익보다 앞섰다는 것이다.[19]

홉슨은 그 특정 부문이 무기 제조업자들, "수출무역에 종사하는 대규모 제조업자들," "해운업자들"이라고 말하면서도 다음과 같이 주장했다. "제국주의에서 가장 중요한 경제적 요인은 투자 관련 영향력이다. …… 열광적인 제국주의의 시기는 해외투자 소득이 두드러지게 증가한 시기와 일치한다. …… 점차 영국은 해마다 해외에서 바치는 공물에 의존해 살아가는 나라가 되고 있으며, 이러한 공물을 즐기는 계급들은 공공 정책, 공금, 공권력을 사용해 자신들의 사적 투자 영역을 확대하고 기존 투자를 보호하고 증진한다."

그래서 자본가계급의 한 작은 부분이 사실상 국가를 자신에게 유리하게 변모시켰다. 나머지 자본가들이야 손해를 보든 말든 아랑곳하지 않고 말이다.

> 공격적 제국주의는 납세자들에게는 값비싼 희생을 강요하고, 제조업자들과 무역업자들에게는 거의 가치가 없고, 시민들에게는 막대한 위험으로 가득 차 있지만, 국내에서는 수익성 높은 투자처를 발견할 수 없어 해외에서 안전한 고수익 투자를 하도록 정부가 자신들을 도와줘야 한다고 주장하는 투자자들에게는 막대한 이익의 근원이다.

이들은 금리생활자 계층, 즉 생산 · 상업 활동을 전혀 고민하지 않은 채 정기적으로 배당금을 받는 채권 소유자들이다. 그러나 그 중심에는 "훨씬 더 위험한" 뭔가가 있다. 즉, "일반 투자중개인인 금융업자들로서, …… 주식과 증권을 자신에게 이자를 안겨 주는 투자로 활용하지 않고 자금시장의 투기 재료로 활용하는 대규모 금융기관들의 특수한 이익"이 그것이다.

위험한 방향으로 끌고 갈 수 있는 자본주의 전체가 아니라 '금융'에 대한 적대를 보여 주는 문단에서 홉슨은 다음과 같이 덧붙인다.

> 강력하기 이를 데 없는 조직의 결속력에 의해 결합되고, 언제나 가장 긴밀하고 신속하게 접촉하고, 모든 나라의 경제적 수도의

심장부에 위치하고, 적어도 유럽에서는 수백 년간의 금융 경험이 있는 독특한 한 인종에 의해 주로 통제되는 그들은 국가 정책을 통제하는 특별한 지위에 있다.[20]

홉슨의 논리에 따르면, 제국주의의 대안은 자본주의의 혁명적 전복이 아니라 국내 경제를 확대하고 금융에 맞서 산업의 이익을 지키는 정부 조처다. 그러한 조처는 금리생활자와 금융자본가와 대립되는 대다수 기업인들과 노동조합을 결합시키는 동맹의 토대를 이룰 것이다.

10년 뒤에 독일 사회민주당의 노련한 이론가 칼 카우츠키도 제국주의를 비슷하게 설명했다. 마시모 살바도리는 카우츠키의 정치적 전기에서 카우츠키의 견해를 다음과 같이 요약한다.

지난 몇 년 동안 금융자본주의가 국내외 무대의 전면에 등장했다. 자본 수출로 이윤을 모으는 금융자본가들은 국내 정치에서 가장 반동적이고 군사적인 세력을 나타낸다. 자국 국민국가를 자신들만의 확장을 위한 지원 도구로 변모시키는 데 직접적 이해관계를 가지고 있기 때문이다. 따라서 제국주의는 금융자본주의와 직접 연관이 있다. 그러나 금융자본의 이해관계는 산업자본의 이해관계와 다르다. 산업자본은 자유무역을 통한 시장 확대로만 성장할 수 있기 때문이다. 부르주아 진영의 국제적 화합을 위한 추진력은 바로 이 산업부문에서 나왔다. 사회민주주의가 평화를 지키기 위해 동맹을 맺어야 하는 대상도 바로 이 부문이다. 자본주의 발전 단계의 한 표현이고 무장 충돌의 원인이 되는 제국주의가 자본주의 발전의 유일한 가능 형태는 아니다.[21]

카우츠키는 금융자본가들뿐 아니라 무기 생산자들도 제국주의와 전쟁에 이해관계가 있다고 여겼다. 그러나 그는 "재무장의 경제적 비용은 일부 산업부문의 발전에는 이익이 되지만 다른 부문에는 손해가 된다"고 주장했다.[22] "사회 전체를 복종시키려 하는 금융자본의 정치권력의 근원은 군국주의 및 관료와의 연합에서 비롯한다."[23]

자본주의 전체는 세계를 경쟁적 식민지로 분할하는 데 이해관계가 있지 않다는 견해에서 카우츠키는 자본주의가 새로운 단계로 접근하고 있다는 결론을 끌어냈다. 그는 이 주장을 발전시켜 1914년에 쓴 글에서 그전 30년간의 식민지화 과정은 산업자본가들이 자신들을 위해 원료와 시장을 확보하려 한 결과라고 주장했다. "산업에서 자본 축적이 자유롭게 진행될 수 있는 것은 원료를 공급하고 제품을 소비하는 농업 지역이 끊임없이 확대되고 있을 때뿐이다." 그렇게 할 수 있는 방식은 다양하다. 하나는 "제국주의"라고 부르는 것인데, 특히 "농업국들에 정치적 종속을 강제하려는 노력"을 고무하는 농업국들에 대한 자본 투자 체제에 의해 촉진된다. "농업 지역들을 정복하고 차지하려는 노력"은 거대 자본주의 열강들 사이에 심각한 갈등을 일으켰고, 그것은 "막대한 군비경쟁"과 "오래 전부터 예고된 세계대전"을 일으켰다.

그러나 그는 나아가 "이 제국주의 단계"가 자본주의의 존속에 꼭 필요하지는 않다고 주장했다.

> 지금의 전쟁이 끝난 뒤에 대대적인 무기 생산 경쟁을 지속할 경제적 필요성은 전혀 없다. 그런 일이 지속되는 것은 기껏해야 극소수 자본가 집단에게만 이로울 것이다. 오히려 각국 정부들의 충돌은 자본주의 경제를 위협할 것이다. 통찰력 있는 자본가들은 모두 자기 동료들에게 외칠 것이다. 만국의 자본가여, 단결하라! 따라서 순전히 경제적인 관점에서 보면, 자본주의가 이제 새로운 단계에 진입하는 것이 불가능한 것만은 아닌데, 그 단계의 특징은 트러스트 방식이 국제정치인 모종의 초제국주의로 전환하는 것이다.[24]

독점, 국가, 금융자본

레닌의 ≪제국주의≫는 대부분 카우츠키에 대한 비판이다. 세 가지 주장이 핵심이다.

첫째, 체제 전체가 독점 단계에 이르렀다는 주장이다. 금융업자들에 대한 홉슨의 주장이나 금융자본가들에 대한 카우츠키의 주장과 달리, 독점기업은 각 국민경제 내의 개별 인자에 불과한 것이 아니다. 그들은 다른 부문들을 끌고 나가는 가장 중요하고 지배적인 형태의 자본이다.

둘째, 그런 상황에서 그들이 발휘하는 정치적 '영향력'은 우연한 특징이 아니다. 그것은 자본주의 경쟁이 지금 취하는 형태의 본질이다. 대자본은 국가와 연계를 맺고 이런 제휴를 이용해 다른 자본들을 희생시키고 성장하지 않는다면 어느 것도 살아남을 수 없다. 달리 말하면, 자본주의는 결코 단순히 자유롭게 이동하는 추상적인 자본의 체제가 아니다. 언제나 그 체제는 상이한 개별 자본들로 이뤄져 있고, 각각의 자본을 경영하는 사람들은 상호 연계나 국가와의 연계를 이용해 시장을 속이려 한다. 그러나 마르크스 시대의 '자유 시장' 자본주의에서는 체제 전체의 동역학에 영향을 미칠 수 있을 만큼 큰 자본이 없었다. 이와 달리 레닌의 묘사에서는, 개별 자본들이 각국 내에서 주요 생산 부문을 지배하고, 상호 연계나 국가와의 연계를 통해 정치적 · 군사적 확장이라는 새로운 동역학을 사회 전체에 강요할 수 있다.

마지막으로, 레닌은 주요 산업부문의 발전에 대한 경험적 설명을 통해 자신의 요지를 뒷받침한다. 그런 주장들과 사실들을 정리할 수 있었던 덕분에 레닌은 제1차세계대전 말에 거대 자본주의 열강들이 체결한 어떤 협정도 새로운 갈등과 전쟁에 자리를 내줄 것이라고 설득력 있게 주장할 수 있었다.

그러나 레닌의 주장에는 앞문으로 쫓아낸 카우츠키 류의 주장을 뒷문으로 받아들일 여지가 있는 부차적 문제점이 몇 개 있다.

레닌은 자신의 소책자*에서 홉슨의 저작뿐 아니라 카우츠키의 제국주의론에 중요한 영향을 끼친 오스트리아 마르크스주의 경제학자 힐퍼딩의 저작도 이용했음을 선뜻 인정했다.[25] 레닌은 두 사람 다 비판한다. 그러나 그는 힐퍼딩이 사용한 '금융자본'이라는 용어를 자신의 분석의 핵심에 두고 제국주의 단계 체제의 유력한 특징을 묘사했고, 그 안에서 금융이 하는 지배적 · 기생적 역할에 대한 홉슨의 묘사를 대부분 받아들였다.

힐퍼딩은 1883년 마르크스 사망 이후 25년 동안 자본주의의 변화 — 개인 기업을 대체한 주식회사의 성장, 투자 원천으로서 은행의 중요성 증대, 이미 성숙한 국민적 자본주의 시장을 국가가 보호하는 구실을 하는 것 — 에 대한 매우 중요한 설명을 제시했다. 그는 금융자본과 산업자본의 융합으로 그 둘의 종합이 탄생했다고 주장했다.

그러나 힐퍼딩 자신이 '금융자본'이라는 용어를 사용한 것에 핵심적 모호함이 있었다. 어떤 점에서 그 용어는 금융과 산업의

* ≪제국주의≫를 말한다.

융합 — 또는 적어도 산업 기업들의 합병을 원활하게 하는 금융의 이해관계 — 을 의미했다. "은행은 자신들의 자본을 점점 더 많이 산업에 투자해야 하고, 이런 식으로 그들은 점차 산업자본가들이 돼 간다. 나는 이렇게 사실상 산업자본으로 변모한 …… 은행자본을 금융자본이라고 부른다."[26] "산업은 점차 은행자본에 의존하게 되지만, 그렇다고 해서 산업계 거물들도 은행 거물들에게 의존하게 된 것은 아니다."[27]

이런 토대 위에서 모든 산업부문을 지배할 수 있는 대규모 트러스트와 카르텔이 출현했다. 그들은 국가에 의존해 자신의 국내 시장을 보호하고, 그 덕분에 국내 가격을 인상할 수 있었다. 그리고 낮은 가격으로 해외 시장을 정복하려 했다. 결합된 금융·산업 자본의 이런 압력 때문에 국가에 대한 자본의 태도 전체가 바뀌었다. 힐퍼딩은 "자유무역을 하는 영국이 아니라 보호무역 국가들인 독일과 미국이 자본주의 발전의 모델이 된다"고 썼다.[28] 대규모 트러스트들은 최소한의 '야경국가'라는 전통적인 자유주의적 개념을 고수한 것이 아니라, 독점이윤을 획득할 수 있는 시장을 확대하기 위해 국경을 넓힐 권력이 있는 국가를 원했다. "자유무역은 식민지에 무관심한 반면, 보호주의는 더 능동적인 식민정책과 각국의 이해관계 충돌을 직접 일으킨다."[29] 제국 건설 노력은 가장 현대적인 자본주의 형태의 고유한 특징이다. 그래서 영국과 프랑스, 그리고 정도는 덜하지만 네덜란드와 벨기에 자본주의가 이미 서로 세계를 분할했으므로 독일 자본주의의 확장은 불가피하게 그들과의 군사적 충돌을 낳았다.

그러나 힐퍼딩은 산업자본과 금융자본의 이해관계가 대립하는 것처럼 묘사한 홉슨과 비슷하게 '금융자본'이라는 용어를 사용하기도 했다.

> 자본의 이동과 신용의 지속적 확대는 점차 화폐자본가들의 태도를 완전히 변화시킨다. 은행의 힘이 커져서 산업을 설립하기도 하고 결국은 지배하게 된다. 그들은 마치 과거의 고리대금업자가 농민의 농산물과 영주의 지대를 '이자'라는 형태로 강탈하듯이 이윤을 금융자본으로서 강탈해 간다.[30]

금융자본가들은 식민지나 전쟁을 추동하는 세력인 반면, 산업자본가들은 이를 제지하고 싶어 한다는 것이다. 카우츠키는 한 논평에서 힐퍼딩이 금융자본을 "가장 야만적이고 폭력적인 자본형태"라고 했다고 말했다.[31]

그러나 힐퍼딩은 모호한 공식 때문에 완전히 모순된 결론에 도달했다. 그래서 그는 금융자본이 성장함에 따라 국민경제가 더 조직되고 그리하여 불황, 호황, 시장의 혼란 등에 덜 종속됨으로써 체제의 나머지 부분을 개선시키는 효과를 낸다고 주장했다. "자본주의 초창기에 투기로 발생한 대규모 정신병은 …… 영원히 사라진 듯하다."[32] 몇 년 뒤 힐퍼딩은 이것을 '조직 자본주의' 이론으로 발전시켰는데, 자본주의가 그렇게 조직되면 중요한 경제 위기나 불가피한 전쟁 노력은 영원히 사라진다는 것이다.[33]

'금융자본'이라는 용어는 오늘날에도 여전히 이런 뒤죽박죽된 생각을 낳는다. 현재 체제의 제한적 개혁을 주장하는 윌 허튼* 같은 사람들은 영국 자본주의의 문제가 영국 금융가들의 정치적 지배라고 비난하는 한편, 반세계화 운동의 일부는 국경을 넘나드는 금융 이동을 규제하는 '토빈세'**가 경제 위기와 세계의 빈곤을 해결하는 방법이라고 본다.

레닌은 힐퍼딩을 "전前 마르크스주의자"라고 묘사하며 그의 정치를 혹평했다.[34] 그러나 그는 금융자본이라는 용어를 차용해 자기 이론의 중심에 뒀다. 그래서 레닌 자신의 저작에도 모호한 해석의 여지가 있다. 독점화 경향은 각국의 핵심 자본들이 세계를 분할하고 재분할하는 제국주의 정치로 나아간다고 주장하려는 것이 레닌의 의도였다. 이 때문에 그는 힐퍼딩이 '금융자본'을 "은행들이 통제하고 산업체 경영자들이 이용하는 자본"으로 정의한 것이 "불완전하다"고 비판한다.

그것은 한 가지 매우 중요한 사실, 곧 생산과 자본이 독점을 낳

---

* 영국의 대표적인 케인스파 경제 논평가.

** 투기성 단기자금의 국가 간 이동에 과세하자고 제안한 노벨 경제학상 수상자 제임스 토빈의 이름에서 따온 용어.

을 만큼 고도로 집중된다는 사실에 대해 침묵한다. …… 생산의 집중, 거기서 비롯하는 독점, 은행과 산업의 합병이나 유착, 바로 이것이 금융자본 성장의 역사이며 이 용어의 내용이다.[35]

그러나 그 소책자의 다른 부분의 표현은 홉슨이나 카우츠키와 마찬가지로 금융자본과 은행이 제국주의의 주된 원인인 것처럼 해석될 여지가 있다. 이것은 특히 레닌이 홉슨의 이론을 바탕으로 금융자본의 기생적 특징을 주장할 때 드러난다. 레닌은 이렇게 쓰고 있다. "한 계급, 더 정확히 말해 금리생활자라는 사회계층이 비정상적으로 성장하게 되는데, 이들은 게으름을 직업으로 삼으며 어떠한 기업 활동에도 참가하지 않고 "이자"로 먹고사는 사람들이다. 제국주의의 가장 중요한 경제적 토대의 하나인 자본수출은 금리생활자와 생산을 훨씬 더 철저하게 분리하며, 여러 외국과 식민지의 노동을 착취하며 살아가는 모든 나라에 기생성이라는 낙인을 찍는다."[36] 이렇게 금융자본의 '기생성'을 강조하다 보니, 일부 사람들은 레닌 사망 수십 년 후 그의 저작에 근거해 금융자본에 맞서 일부 산업자본과 반제국주의 동맹을 결성할 수 있다고 주장할 수 있었다. 그들은 레닌이 그토록 격렬하게 비판한 카우츠키의 정책으로 후퇴한 것이다.

또, '기생적 금융자본'에 대한 과도한 강조 때문에 제국주의론 전체가 금융자본을 수출하는 은행의 결정적 구실에 달려 있는 듯했다. 그러나 이것은 레닌 사망 수십 년 후는 물론이거니와 레닌이 글을 쓰던 당시 상황에도 맞지 않았다. 금융 수출 ― 그리고 금리생활자 ― 은 홉슨이 글을 쓰기 20년 전 영국 자본주의의 가장 중요한 특징이었다. 그러나 영국은 마르크스 시대와 달리 더는 다른 자본주의 나라들에게 "미래를 보여 주지" 못했다. 독일과 미국 같은 새로운 경쟁자들은 산업 집중과 독점 면에서는 영국을 뛰어넘었다. 독일의 경우 특히 중공업 분야에서 기업집단들이 등장했으며, 그들은 국경을 넘어 식민지와 영향권을 확보하려 했다. 또, 이 시기에 미국과 러시아 경제의 특징적 양상은 자본 수출이 아니라 다른 자본주의 나라들로부터 자금 유입(비록 그중 일부가 자본 재수출로 사용되기는 했지만)이었다. 레닌의 ≪제국주의≫를 엄격하게 적용한다면 제1차세계대전 당시 미국이나 러시아는 그 전 4반세기 동안 세계 다른 지역의 분할에 참가했는데도 전혀 제국주의 국가들이 아닌 것처럼 보일 수도 있다.

이처럼 금융가들에 초점을 맞춘다면 레닌이 글을 쓴 4반세기 뒤 상황을 고찰할 때 훨씬 더 많은 문제들이 발생한다. 영국은 준準독점체인 대기업들(ICI*, 유니레버 등)을 육성해 독일을 뒤따르기 시작했는가 하면, 1930년대에 독일에 유리하게 유럽 재분할을 추진하는 데서 결정적 구실을 한 것은 중공업이었다. 그리고

* 임피리얼케미컬인더스트리스, 1926년 설립된 화학공업 대기업.

토니 클리프가 지적한 대로 일본 제국주의는 자국 경제의 확장이라는 면에서 타이완·조선·만주의 식민 지역들을 공업화하는 정책을 추진했다.[37] 클리프는 전체적으로 이렇게 지적했다. "1860~1914년에 선진 자본주의 나라들이 외국에 투자한 자본의 양은 거의 끊임없이 증가한 반면, 제국주의가 성숙기에 접어든 1914년부터는 외국에 투자한 자본의 양이 결코 1914년 수준 이상으로 증가하지 않았고, 심지어 그 이하로 감소하기도 했다."[38]

더욱이, 제국주의 열강들은 갈수록 세계 다른 지역의 생산에서 얻은 소득으로 살아가는 탈산업화한 기생충이 되기는커녕 양차 대전 사이 기간에 새로운 산업들이 성장했고, 그 때문에 열강들과 나머지 세계 대부분 사이의 격차는 더 벌어졌다. 그러나 열강들은 제국주의적 확장 의지를 여전히 갖고 있기도 했다. 그래서 영국과 프랑스는 중동의 대부분과 옛 독일 식민지들을 빼앗았고, 일본은 중국으로 뻗어 나갔고, 독일은 유럽에서 새로운 제국을 개척하기 시작했다.

부하린과 전쟁몰이

제국주의에 관한 부하린의 설명은 훨씬 덜 알려져 있지만 더 많은 것을 보여 준다. 그는 ≪제국주의와 세계 경제≫에서 '금융자본'이라는 범주를 여러 번 사용한다. 그러나 그것을 산업자본과는 완전히 다른 것으로 보는 견해에 대해 경고한다.

"금융자본을 …… 화폐자본과 혼동해서는 안 되는데, 금융자본의 특징은 은행자본인 동시에 산업자본이기도 하다는 점 때문이다."[39] 부하린은 그것을 '국가자본주의 트러스트'가 국민경제 전체를 지배하는 경향과 분리할 수 없다고 생각했다.

> 개별 생산 부문들은 다양한 방식으로 서로 결합돼 대규모로 조직된 하나의 집합체가 된다. 금융자본이 나라 전체를 확고하게 장악한다. '국민경제'는 하나의 대규모 트러스트로 변모하며, 금융 집단들과 국가는 그것과 한패가 된다. 그런 구조를 우리는 국가자본주의 트러스트라고 부른다.[40]

금리생활자의 욕망을 만족시키기 위한 자본 수출은 갈수록 국가와 유착하는 산업 대기업들이 국제적으로 서로 경쟁하는 체제의 부차적 특징일 뿐이다. 그러한 경쟁은 상품 수출, 원료 확보, 자본 수출 등 세 분야에서 벌어진다. "그러나 금융자본주의 정책의 이 세 근원은 실제로는 동일한 현상, 즉 생산력 발전이 생산조직의 '국민적' 한계와 충돌하는 현상의 세 측면일 뿐이다."[41]

부하린은 그 뒤 ≪과도기 경제학≫에서 '금융자본주의'는 자본주의의 새로운 제국주의 단계인 국가자본주의로 나아가는 경향이 있다고 주장한다.

> 부르주아지의 국가기구는 그 자체 내에 이 계급의 세력을 모두 집중시켰다. 따라서 남아 있는 기구들은 모두 …… 국가에 복종해야 한다. 모든 것은 '군사화'한다. …… 그래서 새로운 국가권력 모델, 제국주의 국가의 고전적 모델이 나타나고, 이는 국가자본주의 생산관계에 의존한다. 여기서 '경제'는 '정치'와 유기적으로 융합된다. 부르주아지의 경제 권력은 정치권력과 바로 통합된다. 이제 국가는 착취 과정의 단순한 보호자가 아니라 직접적이고 집단적인 자본주의적 착취자가 된다. ……
>
> 국가자본주의 생산관계는 논리적 · 역사적으로 금융자본주의적 관계의 연속이며 후자를 완성시킨다. 따라서 국가자본주의 생산관계가 발전 초창기부터 금융자본의 조직 형태들인 신디케이트, 트러스트, 은행들로 이뤄졌다는 것은 놀라운 일이 아니다.[42]

일단 이 단계에 도달하면 "경제들 간의 상호 투쟁인 자본주의적 경쟁이라는 전쟁이 벌어진다. 이 경쟁의 형태는 아주 다양하다. 제국주의적 정책은 …… 이 경쟁의 한 형태다."

이제 전쟁이 체제의 핵심이 되는데, 그것은 '국가자본주의 트러스트' 간의 경쟁에서 비롯하지만 그들의 내부 조직으로 되돌아오고 이를 좌우하기도 한다.

국가자본주의 트러스트의 형성과 함께 경쟁은 거의 완전히 해외로 이동하고 있다. 그러므로 해외에서 벌어질 투쟁의 기관들, 주로 국가권력이 엄청나게 증대해야 한다는 것은 분명하다. …… 상업 협정 변경 문제가 제기될 때마다, 계약 당사자인 자본가 집단들의 국가권력이 등장하며, 그 국가들 간의 관계 — 결국 군사력 관계로 환원되는 — 가 협정을 좌우한다. 다른 나라에 차관이 제공되면, 정부는 군사력에 바탕을 두고 자국민들을 위해 최고 이자율을 확보하고, 의무 수주受注를 보장하고, 이권에 합의하고, 외국 경쟁자들에 맞서 싸운다. 이전까지 정식 점유자가 없었던 영토를 수탈하기 위한 금융자본의 투쟁이 시작되면, 또다시 국가의 군사력이 누가 그 영토를 소유할 것인지를 결정한다. 국가의 군사 기구는 '평화적' 시기에는 전면에 드러나지 않지만 기능을 멈춘 것은 아니고, 전시에는 아주 직접적으로 전면에 등장한다.

국가권력이 일반적으로 점점 더 중요해지면, 그 군사 조직, 특히 육군과 해군의 증강이 두드러진다. 국가자본주의 트러스트 사이의 투쟁이 무엇보다도 군사력 관계에 따라 결정되는 이유는 군사력이야말로 서로 투쟁하는 '국민적' 자본가 집단들의 최후 수단이기 때문이다. 엄청나게 증가하는 국가 예산의 더욱더 큰 몫이 군국화의 완곡어인 '방위 목적'에 사용된다.

군사 기술이 개선될 때마다 군사 기구는 재편되고 재건된다. 한 국가의 군사력이 혁신되고 확장될 때마다 다른 모든 국가가 자극받는다. 그리하여 관세정책 분야에서 나타나는 것과 비슷한 현상을 관찰할 수 있다. 즉, 한 국가의 관세율 인상이 즉각 다른 모든 국가들에 반영돼 전반적 인상을 불러일으키는 것과 비슷하다. ……

전쟁 없는 자본주의 사회를 생각할 수 없는 것처럼 무기 없는 자본주의 사회도 생각할 수 없다. 그리고 물가 하락 때문에 경쟁이 발생하는 것이 아니라 반대로 경쟁 때문에 물가가 하락하는 것이 사실인 것과 꼭 마찬가지로, 무기의 존재가 전쟁의 주요 원인이나 동력이 아니라(비록 무기 없이는 전쟁이 불가능하지만) 경제적 충돌의 불가피성이야말로 무기의 존재 조건이다. 이 때문에, 경제적 충돌이 이례적으로 격렬해진 우리 시대에 미친 듯한 군비경쟁이 벌어지고 있는 것이다.[43]

1922년에 그는 다음과 같이 주장했다.

이제 부르주아지의 주요 집단들은 국가의 틀 안에서 트러스트화한 집단들이라는 성격을 지니고 있다. …… 그러한 기업 형태가 주로 폭력적 경쟁 형태에 의존한다는 것은 얼마든지 생각할 수 있는 일이다. …… 따라서 새로운 경쟁 형태들이 생겨나고 이는 국가의 군사적 공격을 낳는다.[44]

여기서 부하린은 1930년대 말과 1940년대를 특징짓는 제국주의 형태를 예견한다. 그러나 한 가지 점에서 그는 레닌보다 더 취약했다. 바로 제국주의에 억압당하는 국가들과 관련해 자기 이론의 정치적 결론을 끌어내는 문제에서 그랬다.

레닌, 제국주의, 식민지 나라들

≪제국주의 ― 자본주의의 최고 단계≫는 식민지 해방 운동뿐 아니라, 제국주의 나라 안에서 그 운동에 연대하던 사람들에게도 엄청난 영향을 미쳤다. 그 이유는 그 글이 제국주의 나라 안의 노동자들에게 자국 지배자들의 정책에 반대하라고 분명히 호소했기 때문이기도 하고, 또 민족자결권에 대해 그가 쓴 다른 글들과 연결해 읽을 수 있기 때문이기도 하다.

그 글들에서 레닌은 제국주의의 정치적 함의를 다뤘다. 그는 세계를 지배하는 대제국들 내의 피억압 민족들의 반란이 그 제국들을 해체시킬 수 있다고 봤다. 그런 반란은 다양한 계층의 사람들을 행동에 나서도록 자극하고, 대제국을 운영하는 서구 자본주의 국가들을 약화시킬 수 있다. 이것은 심지어 전前자본주의적 옛 착취계급의 잔당이나 신흥 부르주아 집단들이 그런 반란을 주도할 때도 마찬가지다. 중요한 것은 그런 현지 착취계급들이 정치적으로 대제국 국가들에 지배당하지만 저항을 통해 그 국가들을 약화시킨다는 점이다. 혁명적 사회주의자들은 제국주의의 억압에 맞서 정치적 자결권을 무조건 지지함으로써 그러한 저항을 고무하고 도와야 한다.

레닌은 1917년 이전 몇 년 동안 로자 룩셈부르크, 퍄타코프, 부하린 등 다른 혁명가들의 비판을 받았다. 그들은 그런 착취 집단들이 세계 자본주의 체제 내에서 더 강력한 제국주의 지배계급들에 경제적으로 의존할 것이므로 그들이 주도한 정치적 독립은 의미가 없을 것이라고 말했다.

레닌이 보기에 그것은 전혀 문제가 되지 않았다. 민족자결권을 위한 투쟁은 세계의 가장 강력한 국가들이라는 구체적인 억압적 정치조직들에 대항하는 정치투쟁이다. 그는 1916년에 영국 지배에 반대해 일어난 더블린 봉기 이후 이것을 분명하게 설명했다.

> 식민지와 유럽에서 소수민족들의 반란 없이, 온갖 편견을 가진 쁘띠부르주아지의 혁명적 분출 없이, 지주·교회·왕정의 억압과 민족 억압 등등에 반대해 일어나는 정치의식 없는 프롤레타리아와 반半프롤레타리아 대중의 운동 없이 사회혁명이 가능하다고 생각하는 것, 이런 생각은 모두 사회혁명을 거부하는 것이다. 그렇다면 한 무리가 한 장소에 죽 늘어서서 "우리는 사회주의에

찬성한다" 하고 다른 무리는 다른 곳에서 "우리는 제국주의에 찬성한다" 하는 것이 사회혁명일 것이다! 오직 터무니없이 현학적인 견해를 가진 사람들만이 아일랜드인들의 반란을 '변란'이라고 부르며 비방할 수 있을 것이다. '순수한' 사회주의 혁명을 기대하는 사람은 살아생전에 결코 그것을 보지 못할 것이다. 그런 사람은 혁명이 무엇인지 알지도 못한 채 말로만 혁명에 동의하는 것이다.[45]

레닌은 정치적 독립과 경제적 독립이 다르다고 주장했다. 정치적 독립은 정치투쟁을 통해 달성할 수 있지만, 일단 자본주의가 세계 시장을 확립해 일국 ― 제아무리 강대국일지라도 ― 의 생산이 다른 나라의 생산에 의존하게 되자 경제적 독립은 공상적 요구가 됐다.

그러나 정치투쟁의 잠재력은 엄청났다. 레닌은 모든 대제국들 내에서 피억압 민족들이 그 권리를 요구하며 반란을 일으킬 것이라고 예견했으며, 1916년 이후 아일랜드 · 인도 · 이집트 · 인도네시아에서 일어난 반란이나 중국에서 유럽과 일본의 '조차권'에 반대해 일어난 반란은 그의 예견을 입증했다. 그리고 좌파 노동자 정당들이 그런 반란을 무조건 지지해야 한다는 그의 주장은 식민지 운동의 수많은 주요 활동가들을 새로 결성된 공산주의인터내셔널[코민테른] 쪽으로 끌어당겼다.[46] 1920년대 중반에 [소련] 공산당 고문단은 중국 남부를 장악하기 위해 싸우던 민족주의 군대들 내에서 결정적 구실을 했고, 그 뒤 30년 동안 공산당원들은 스탈린이 불온한 부분을 삭제한 레닌의 이론으로 무장한 채 식민지 세계의 일부 중요한 민족해방운동에 영향을 미칠 수 있었다(그러나 1942년 영국의 인도 철수를 요구한 "Quit India[인도를 떠나라]" 운동에서 봤듯이, 공산주의자들이 스탈린의 영향을 받아 민족 해방 투쟁에 반대해 그런 영향력을 잃은 경우도 있었다).

그러나 식민지 세계에 관한 레닌의 이론은 한 가지 중요한 문제를 제기했다. ≪제국주의 — 자본주의의 최고 단계≫에서 그는 식민지로의 자본 수출이 식민지의 산업을 발전시킬 것이라고 주장했다.

> 자본 수출은 자본 수입국들의 자본주의 발전에 영향을 미치고 이를 크게 촉진한다. 따라서 자본 수출은 자본 수출국들의 발전을 어느 정도 억제하는 경향이 있는 반면, 그렇게 함으로써 세계 전역의 자본주의 발전을 촉진하고 심화할 수 있다.[47]

레닌의 초기 저작 중 하나인 ≪러시아의 자본주의 발전≫은 자본주의 발전의 가능성을 부정하는 사람들을 반박하기 위한 것이었다. 그는 ≪제국주의≫를 썼을 때도 이런 견해를 고수했다.

이처럼 갈수록 식민지에서 산업 발전이 일어나고 있다는 생각 때문에 그는 식민지를 개척하고 있는 나라들을 '기생적'이라고 묘사했다.[48]

그러나 민족해방운동을 하던 많은 사람들이 공산당에 매력을 느꼈던 이유는 자본주의가 이렇다 할 산업 발전을 이루지 못하고 있었기 때문이다. 많은 제3세계 나라들에서는 대규모 도시 중간계급이 식민 기구에 의한 정치적 주변화뿐 아니라 빈곤, 불확실한 고용 기회, 실업으로 고통받고 있었다. 현지 부르주아지에 의존하는 운동은 식민주의에 맞서 기꺼이 일관되고 단호한 투쟁을 하려 하지 않았으므로 공산당은 정치적 독립 문제뿐 아니라 경제 발전에 대한 도시 중간계급 일부의 관심도 중요하게 다룬다면 자기 쪽으로 끌어당길 수 있었다. 1927~1928년 코민테른 내에서 이 문제를 둘러싼 논쟁이 벌어졌다. 당시는 철저한 스탈린주의화가 이성적 논쟁의 가능성을 분쇄하기 직전이었다. 제인 디그라스는 다음과 같이 썼다.

> 논쟁의 요점은 식민지들이 '탈식민지화'하고 있는가 아닌가, 즉 본국이 식민지의 산업화를 촉진하고 있는가 아니면 저지하고 있는가 하는 것이었다. 인도가 이 논쟁의 초점이 됐다. …… 영국 대표단 성원들은 영국이 인도의 값싼 노동력을 이용하려고 인도를 산업화하고 있다고 생각했다. 부하린은 개회사에서 탈식민지

화 이론에 반대했다. 인도 대표단 자체는 견해가 엇갈렸다. 로이는 …… 대영제국 해체의 씨앗을 간직한 탈식민지화가 진행되고 있다고 썼다. 그가 탈식민지화 이론을 발전시킨 것은 1927년 말이었다고 한다. 부르주아지는 민족 혁명에서 물러서고 있었을 뿐 아니라 이를 저지하기 위해 제국주의자들과 협정을 맺는 데까지 나아가고 있다는 것이었다. S 타고르(나라얀이라는 이름으로 나온)는 …… 1927년 4월 자신과 부하린이 인도에서 모종의 탈식민지화가 진행 중이라는 데 동의했다고 주장한다.[49]

당시 코민테른에서 스탈린의 하수인이었던 쿠시넨은 이 논쟁에 개입해서 "영국 제국주의가 인도를 산업화하기 시작한 것이 사실이라면, 우리는 제국주의의 식민정책의 본질에 대한 우리의 개념 전체를 수정해야 한다"고 주장했다.[50] 물론 어떻게 '수정'하든 레닌의 저작과 일치해야 할 것임을 깨닫지 못한 채 말이다! 그는 계속해서 이렇게 주장했다. "투자는 산업화가 아니었다. …… 영국은 인도의 산업을 파괴하고 프롤레타리아를 촌락으로 내몰기로 굳게 결심했다. 간디가 그 대행자다."

두 명의 영국 대표 아노트와 로스스타인은 "자체 모순 때문에, 제국주의는 자신과 경쟁하게 될 식민지 산업의 발전을 촉진했고, 따라서 국내의 모순을 세계무대로 전가했다"[51] 하고 주장했다. 그러나 그 대회의 테제들은 확고했다. "후진국의 비非자본주의적 발전 경로는 객관적으로 불가능하다. …… 자본주의적 착취의 특수한 식민지 형태들은 …… 식민지의 생산력 발전을 저해한다."[52] 이 주장은 그 뒤 스탈린주의 시기 수십 년 동안 절대적인 것이 됐으며, 식민지 나라들과 옛 식민지 나라들에서 경제 발전이 일어날 수 있는 방법은 소련에서 확립된 방식을 추구하는 길밖에 없다는 주장을 뒷받침하는 데 사용됐다.

스탈린주의 전통에서 비롯한 이 사상적 흐름과 라틴아메리카에서 거의 독자적으로 생겨난 흐름이 서로 합쳐졌다. 라틴아메리카에서 직접 식민 통치는 1820년대에 대부분 끝났다. 그러나 20세기 초 수십 년 동안 그 지역의 대다수 민중의 생활 조건은 아프리카나 아시아 식민지 민중의 생활 조건과 거의 다르지 않았다. 거기에는 가난한 농민들, 소수 대지주들한테서 권력을 완전히 빼앗지 못하고 있던 도시 부르주아지, 북아메리카나 서유럽의 쁘띠부르주아지와 비슷한 생활양식을 누릴 수 없는 것에 분개한 많은 교육받은 쁘띠부르주아들이 있었다.

양차 대전 사이에 일어나기 시작한 운동들은 주로 영국과 미국 제국주의의 파괴적 영향력 때문에 경제 발전이 방해받고 있다고 생각했다. 실패한 기업인의 아들 아야 데 라 토레가 1924년에 민족주의와 반제국주의 강령을 내걸고 결성한 아메리카혁명적민중동맹APRA은 페루 중간계급과 노동자들의 광범한 지지를 받았고, 다른 나라 중간계급 활동가들이 그 선례를 따르도록 고무했다. "1930~1950년에 적어도 20년 동안 아야 데 라 토레는 각성한 부르주아뿐 아니라 프롤레타리아도 포함해 한 세대 전체를 이끈 반제국주의자였다."[53]

1930년대 초의 위기는 라틴아메리카의 경제와 그 지배계급을 매우 혹독하게 강타했다. 1900년부터 1930년까지 그들은 세계 무역에서 얻은 것이 거의 없었거나, 있다 해도 아주 조금이었다.[54] 그런데 이제 자국 수출품의 가격이 폭락했다. 경제 위기가 정치 위기로 바뀌자, 지배계급의 일부는 중간계급 일부, 때로는 노동운동의 일부 지도자들과 결탁해 원료와 식량 생산에 투입되던 자원을 산업화로 전용하기 위한 경제정책을 추진했다. 이언 록스버러가 썼듯이,

> 이론가들은 …… 중심부 공업국들의 변화와 주변부 저발전국들의 변화 사이에 직접적 연관이 있다고 주장했다. 19세기 말부터 20세기 중반까지 …… 라틴아메리카는 공업국들에 원료와 식량을 공급하고 그 대신 공산품을 수입했다. …… 그들의 주장은 — 이 주장에 대해서는 논란의 여지가 있다 — 1870년경 이후 교역조건이 라틴아메리카에 불리해졌다는 것이다. 이것은 라틴아메리카가 수출할 때마다 그 대가로 수입하는 공산품의 양이 점점 더 작아졌다는 것을 뜻한다. …… 라틴아메리카 나라들이 채택할 수 있는 유일한 현실적 정책은 …… 수입 대체 산업화를 촉진하

는 신중한 정책뿐이었다. …… 이것은 토지개혁과 수출 다변화를 통해 소수 대지주들을 공격하고, 비교적 저가의 공산품에 대한 소비 수요를 증진시키기 위해 소득을 재분배하는 것을 뜻했다.

정치적으로는, 그 전략은 소수 대지주들에 맞선 거의 모든 사회 계급의 동맹으로 여겨졌다. …… 이런 분석은 여러모로 공산당의 주장과 비슷했는데, …… 공산당은 봉건제의 마지막 잔재와 제국주의의 지배를 제거하고 경제를 근대화하기 위한 투쟁에서 혁명가들이 '진보적 민족 부르주아지'를 지지해야 한다고 주장했다.[55]

브라질의 바르가스 정부와 아르헨티나의 페론 정부 등은 그런 주장이 가리키는 방향으로 강력하게 밀고 나갔고, 다른 나라 정부들도 그렇게 했다. 그래서 한동안 그 정책이 사실상 정설이 됐다. 그런 정부들이 정말로 진지하게 미국이나 서유럽 자본주의에 적대적이었던 것은 아니다. 그러나 그들의 정책은 영국이나 미국과 상업적 · 금융적 연계를 맺고 있던 강력한 지주계급의 다양한 반발에 부딪혔고, '포퓰리스트' 정치인들은 자신들의 정책에 민족주의적 색채나 그럴듯한 반제국주의적 색채를 가미할 수 있었다. 그들은 중간계급의 아메리카혁명적민중동맹식式 민족주의를 이용해 스페인으로부터 독립하기 전후의 역사를 제국주의 지배의 역사로 해석했다. 그 덕분에 그들은 말을 잘 안 듣는 일부 자본가들을 '반

민족적'이라고 비난하며 굴복시킬 수 있었고, 산업화 정책들로부터 막대한 이익을 얻게 될 다른 부분의 지지를 받을 수 있었다. 또, 노동계급 운동도 분열시켜, 계급 이익을 앞세우며 정부의 국내 정책을 비난하는(그리고 정부를 '파시스트'나 적어도 '반半파시스트'라고 비난하는) 사람들과, 정부에 설복돼 정부를 돕고 지지하는 것을 정부가 "제국주의에 맞서 싸우고 있다"며 정당화하는 사람들로 분열시킬 수 있었다.[56]

제2차세계대전 — 제국주의론의 확인

제2차세계대전은 고전적 제국주의론을 분명히, 그러나 야만적으로 확인시켜 줬다. 레닌과 부하린은 카우츠키 같은 사람들에 반대해 세계 분할과 재분할을 위해 서로 싸우는 거대 자본주의 열강들이 전쟁을 벌일 수밖에 없을 것이라고 주장했다. 이런 일은 1930년대 후반에 전례 없는 경제 위기에 대응해 일어났다. 각국 자본주의는 정도의 차이는 있었지만 국민자본과 국민국가의 통합으로 나아갔고, 이 '국가독점자본주의'의 다른 측면은 '보호주의' 조치들을 사용해 외국 자본가들과의 직접적 시장 경쟁을 제한하는 것이었다. 1891년부터 1925년 사이에 네 배로 증가한 세계 무역은 1932년에는 1905년 수준으로 떨어졌다. 자본 수출을 통해 세계 멀리까지 침투하려 했던 나라들의 제국주의는 서로 대립하는 무역 블록을 견고하게 구축하려는 나라들의 제국주의로 바뀌었다. 그러나 자본주의 국가들은 해외에서 들어오는 원료나 자원에 대한 의존을 완전히 되돌릴 수는 없었다. 이 때문에 해외의 자원을 지배하기 위해 직접적인 정치적 영향력을 발휘할 수 있는 국민국가들의 중요성이 전보다 더 커졌다. 이런저런 종류의 제국주의가 훨씬 더 중요해진 것이다.

그 결과, 제1차세계대전에서 절정에 이른 긴장이 더 격렬하게 재현됐다. 기존의 식민 열강들, 특히 영국과 프랑스는 그들의 기존 제국(제1차세계대전 직후에 독일 식민지와 중동의 대부분을 빼앗아 더 커진)에 의존해 자국 통화가 지배하는 정치 · 경제 블록(각각 파운드 지역과 금본위 지역으로 알려진 블록)을 형성할 수 있었다. 미국은 제1차세계대전 당시 특히 라틴아메리카에서 영국의 투자 지분을 대거 매입해 그 영향력을 강화할 수 있었다. 세계 2위의 공업국 독일은 그 영토가 1914년보다 더 좁아졌다. 독일은 식민지를 잃었고, 프랑스는 동유럽에서 일련의 동맹('소3국협약')*을 맺어 그 지역과 심지어 오스트리아의 독일어 사용 지역에서도 독일의 영향력을 약화시키려 했다. 극동에서는 당시 확장하고 있던 일본 자본주의가 [독일과] 비슷한 답답함을 느꼈는데, 그 이유는 영

* 독일, 오스트리아헝가리, 이탈리아의 3국동맹에 대항해 1907년 영국, 프랑스, 러시아가 체결한 3국협약의 축소판이라는 뜻이다.

국과 프랑스가 중국의 '조차지'를 계속 보유하고 있었을 뿐 아니라 프랑스가 베트남을, 영국이 말레이반도를, 네덜란드가 동인도제도(지금의 인도네시아)를, 미국이 필리핀을 식민 통치하고 있었기 때문이다.

독일과 일본의 지배자들이 선택한 정치적 방침은 국내에서 노동계급 운동을 탄압할 뿐 아니라 국가가 강요하는 국가자본주의적 축적에 개별 자본가들을 복종시킨다는 것이었다. 나치 정부는 독재 정치권력을 이용해 경제에 대한 통제를 강화했다. 주요 자본가 집단들은 무사히 살아남긴 했지만 이제부터는 그들 자신이 지지했던 군국화의 필요에 완전히 종속됐다. 군비 증강과 중공업 성장은 시장과 투자처를 제공하며 경제 전체를 끌고 나아갔다. 그러나 그런 정책에는 한 가지 중요한 문제점이 있었다. 독일은 자급자족적 경제단위가 아니었다. 원료 공급의 불안정을 극복할 수 있는 길은 독일 제국의 경계를 넓혀 이웃 경제들을 통합하고 그들의 산업을 독일의 군국화에 종속시키는 것뿐이었다. 국가 주도 독점자본주의의 논리에 따라, 레닌이 1916년에 언급했고 부하린 이론의 핵심이었던 제국주의 형태, 즉 "매우 산업화한 지역들"을 강탈하는 일이 벌어졌다.[57] 그런 확장이 일정한 한계를 넘어서자, 자신의 영향권과 제국에 대한 위협을 두려워한 다른 열강들과 충돌할 수밖에 없었다. 그들이 무력에 의존해 대응하자, 독일 정권도 이미 차지한 지역을 '방어'하기 위해 경제의 훨씬 더

많은 부분을 무기 생산에 할애해야 했고 더 나아가 새로운 영토를 장악해야 했다. 내가 다른 글에서 썼듯이,

> 일단 군사적 확장 방침이 결정되자, 그것은 자체의 논리에 따랐다. 기존 제국들에 도전하기 위해서는 최대한의 군사력과 산업 능력이 필요했다. 제국주의적 모험 — 예컨대, 일본의 만주 점령, 독일의 오스트리아와 체코슬로바키아 합병 — 이 성공할 때마다 이런 능력은 증강됐다. 그러나 그로 말미암아 기존 제국들의 적대도 강화됐고, 더 강력한 군사력과 또 다른 군사적 모험이 필요해졌다. 그 한계점은 독일의 폴란드 서부 점령과 일본의 진주만 공습이었다.[58]

프랑스와 영국 같은 기존 제국의 지배자들은 저항하지 않을 수 없었다. 많은 사람들은 과거 세계 전쟁의 경험을 마음속에 떠올리며 마지못해 그렇게 했다. 그들은 이미 감소한 해외투자가 새로운 전쟁 비용으로 날아갈까 봐 두려워했고, 20년 전에 자신들을 위협했던 혁명적 격변이 되풀이될까 봐 무서워했고, 급속한 산업화가 진행 중인 소련이 자신들의 오랜 경쟁자인 독일만큼이나 위험하다고 생각했다. 그들은 어쨌든 북서부와 중부 유럽의 핵심부를 지배하고 있는 독일 제국주의가 아프리카나 아시아의 방대한 지역을 지배하는 자신들과 공존할 수 있기를 바랐다. 그

러나 결국 그들은 싸워야 했다. 영국과 프랑스의 관심사는 잉여가치의 새로운 원천을 차지하기 위한 투쟁이 아니라 이미 가지고 있는 것을 지키기 위한 투쟁이었다. 그들은 자신의 제국주의가 손상을 받지 않으려면 독일 제국주의에 대항해서 함께 싸워야 했다. 독일이 확장 논리에 따라 폴란드, 벨기에, 프랑스에서 승리한 뒤 우크라이나를 침공하고 바쿠 남동부의 유전을 향해 진격하자, 1941년 여름에는 영국 · 프랑스 동맹에 소련이 가세했다. 몇 달 뒤 일본이 제국주의 논리에 따라 극동에서 방어가 허술한 서방 열강의 점령지들을 모두 빼앗으려 하자 미국도 전쟁에 뛰어들지 않을 수 없었다.

독일과 일본에 대항한 동맹 때문에 다른 제국주의들 사이의 충돌은 잘 드러나지 않았다. 1920년대에 영국 외무부 관리 몇몇과 레온 트로츠키는 미국과 영국이 크게 충돌할 것이라고 예견했다. 그 예견은 실현되지 않았다. 제2차세계대전이 한창일 때 영국과 미국 정부의 이해관계가 심각하게 충돌했다. 그들은 유전이 있는 사우디아라비아에 대한 영향력을 놓고 서로 경쟁했고, 미국의 강요로 미국제 무기와 식량 대금을 치르기 위해 영국 자본주의가 해외투자를 청산하지 않을 수 없게 되자 외무장관 앤서니 이든 같은 영국 각료들은 크게 분노했다.[59] 그러나 독일과 일본 제국주의의 요구에 대한 더 큰 적대 때문에 영국 제국주의는 마지못해 미국의 이해관계에 복종하는 것을 받아들였다.

제2부

냉전 시기의 제국주의

1930년대에 제국주의 세력들의 충돌은 이미 세계 각지에 제국을 가진 영국·프랑스가 유럽 대륙에서 제국을 건설한 독일과 충돌하는 형태를 띠었다. 독일의 패배 이후, 양대 승전국[미국과 소련]들이 이와 비슷한 새로운 충돌을 시작했다.

미국은 세계에서 가장 선진적이고 생산적인 자국 산업이 자유무역을 통해 세계 경제 전체로 침투하기를 바랐다. 전쟁으로 지쳐 버린 서유럽 열강들은 이에 직접 도전할 만한 처지가 못 됐다(비록 영국 정치인들이 가끔 그런 희망을 개인적으로 표현하긴 했지만 말이다). 그러나 다른 승전국 소련은 그럴 수 있었다. 소련의 지배 관료 집단은 1917년 혁명에서 노동자·농민이 얻은 성과를 1920년대 후반에 희생시켜 자기네 자신의 국가자본주의를 구축하고, 모든 것을 생산수단의 축적에 종속시킴으로써 강제 산업화에 상당히 성공했다. 이로써 그들은 강력한 대규모 지상군을 이용해 사실상 유라시아 북부 전체, 즉 서유럽의 오른쪽 경계에서 태평양까지 지배할 수단을 확보했다. 그러나 미국의 절반도 안 되는 산업 생산성 수준으로는 자유무역을 통한 경제적 경쟁에서 현상 유지도 하기 힘들었다.

1947~1948년에 그들은 자신들이 지배하는 경제들에 ― 옛 러시아 제국의 영토뿐 아니라 자신들의 군사적 · 경제적 목표에 종속시킨 동유럽 나라들에도 ― 미국이 접근하지 못하게 막음으로써 미국의 세계 제패 기도에 맞서기로 결정했다. 미국은 친미 기독교민주당과 사회민주주의 정당에 대한 재정 지원, 미국에 이익이 되는 한계 안에서 유럽 경제를 재건하기 위한 마셜플랜, 나토NATO 군사동맹 창설과 유럽에 미군 기지를 건설하는 것 등을 통해 서유럽에 대한 지배력을 서둘러 강화했다.

흔히 아는 것과 달리, 당시 전개되고 있던 충돌은 단순한 손익 계산 차원의 경제적인 것으로는 설명할 수 없다. 오래잖아 양대 강국의 군사 예산은 그 지배자들이 자신들이 지배하는 군소 강국들에 대한 착취 강화로 만회할 수 있기를 바라는 수준을 넘어섰다. 1940년대나 1950년대에 미국의 군비 지출이 미국의 총 해외투자(이보다 훨씬 더 적은 투자 수익은 말할 것도 없고)보다 적었던 적은 한 번도 없었다. 심지어 한국전쟁 발발 전의 '군비 감축' 시기에도 "군비 지출 총액은 연간 약 150억 달러였다. 그것은 민간 자본 수출 총액의 25배나 됐을 뿐 아니라 해외 원조 총액보다 몇 갑절 더 많았다. 마셜플랜 원조 규모도 연간 50억 달러를 넘은 적은 한 번도 없었다."[1]

그 뒤 30년 동안 미국의 해외투자는 몇 배로 늘어났다. 그 총액은 이제 약 5000억 달러(직접투자 2000억 달러에 3000억 달러 상당의 은행 대출을 더한 금액)가 됐다. 그 밖에도 미국계 다국적기업들이 관리하는 해외 자산 약 3000억 달러가 더 있었다.[2] '방위비' 총액도 약 2000억 달러로 증가했다. 그래서 이제는 총해외투자보다 적어졌지만, 그래도 그 투자에서 얻을 수 있는 이윤보다는 여전히 꽤 많았다.

소련의 상황도 얼추 비슷했다. 소련은 1945~1950년에 동독과 루마니아에서 공장과 설비를 통째로 가져오는 등 동유럽을 약탈했고 동유럽 나라들이 소련 본토로 보내는 상품의 가격을 세계시장 수준보다 낮게 매기도록 강요했다.[3] 그러나 일단 냉전이 본격적으로 시작되자 이 기간에도 여기서 얻는 경제적 이익은 소련의 국방 예산이 점점 더 늘어난 것보다 상당히 적었다. 그리고 1955년 이후 소련 정부는 동유럽에서 반란이라도 일어날까 봐 직접적인 경제적 압력을 완화했다. 동유럽의 경제 발전 패턴은 여전히 어느 정도 소련의 전략적 필요에 따라 결정됐지만 직접적 착취는 사실상 사라진 듯했다.

군비 지출이 필수적인 제국주의는 핵심부의 극소수 '금융자본가'들이 수십억 민중을 억압해 엄청난 극대 이윤을 획득하는 단일 제국의 제국주의가 아니었다. 따지고 보면 당시는 국제무역이

1914년 이전보다 훨씬 덜 중요한 시기였다. 제조업의 세계 산출 대비 무역지수는 1914년 1.2에서 1930년 1.0으로 하락했고, 그 뒤 1940년 0.7, 1950년 0.6으로 폭락했다.[4] 오히려 당시는 경쟁하는 제국들의 제국주의였고, 부하린이 1916년에 묘사했듯이 각국 지배계급의 자본가들 전체는 이미 갖고 있는 것을 확실히 지키기 위해 생산적 투자에 쓸 돈을 군비 지출로 전용해야 했다.

워싱턴과 모스크바의 계산은 간단했다. 군비 지출 수준을 낮추면 경쟁 제국에 대한 전략적 우위를 상실하게 되고, 그러면 그 경쟁 제국이 자신의 영역을 침범할 위험이 있었다. 그래서 소련은 미국의 동유럽 '롤백roll back' 기도*를 두려워했는데, 그런 일이 일어나면 동유럽 경제들이 소련의 지배에서 벗어나게 되고, 그리 되면 소련의 다른 공화국들과 러시아 중앙정부를 결속하는 끈이 끊어질 수 있기 때문이었다(실제로 1989~1991년 대규모 경제·정치 위기가 동구권 전체를 뒤흔들었을 때 이런 일이 일어났다). 이와 비슷하게, 미국 지배계급도 소련이 다른 서방 국가들 — 특히 서독과 일본 — 을 그 영향권으로 끌어들여 세계 도처에서 미국의 이익에 도전할 수 있는 군사력·경제력을 크게 강화하지나 않을까 두려워했다. 미국의 한 내변인이 한국전쟁 당시 말했듯이,

* 외교에서 경쟁 상대를 이전 상태로 되돌려 놓으려는 시도.

> 공산주의 세계와 경계를 맞대고 있는 중요한 두 지역 — 서유럽과 아시아 — 중 하나라도 넘어간다면, 나머지 자유세계는 엄청나게 약해질 것이다. …… 만약 서유럽이 무너진다면 소련은 세계 최대의 숙련 노동자 집단을 포함하는 3억 명을 통치하게 될 것이다. 소련의 철강 생산은 1년에 5500만 톤씩 증가해 우리와 맞먹는 9400만 톤이 될 것이다. …… 석탄 생산량은 우리가 5억 5000만 톤인 데 비해 소련은 9억 5000만 톤까지 급증할 것이다. 소련이 지배하는 지역의 전력은 시간당 1300억 킬로와트에서 3500억 킬로와트로 증가할 것이고, 이는 우리의 4000억 킬로와트와 엇비슷한 규모다.[5]

그래서 그 뒤 30년 동안 지속된 패턴은 양대 강국이 서로 상대방에 대한 전략적 우위를 차지하기 위해 세계의 되도록 많은 지역을 자신의 영향권으로 끌어들이려 애쓰는 것이었다. 그들이 한반도 지배권을 둘러싸고 유혈 낭자한 전쟁을 벌인 것은 한반도의 보잘것없는 부富 때문이 아니라 동아시아·태평양 지역 전체의 전략적 의미 때문이었다. 그들은 각각 경쟁국과 사이가 틀어진 정권들에 원조와 무기를 제공했다. 그래서 미국은 소련 국경과 가까운 발칸반도에 거점을 얻기 위해 '공산'국가인 유고슬라비아를 지원했고, 소련은 미국 국경과 가까운 카리브해에 발판을 얻기 위해 쿠바를 지원했다. 소련은 소말리아를 무장시켜 미국이 무장시킨 에티오피아와 싸우게 했고, 그 뒤 반대로 소련이 에티오피아를 무장시키고 미국은 소말리아를 무장시켰다. 이집트는 잠시나마 소련의 영향권으로 포섭됐고, 중국은 소련의 영향권에서 벗어나 잠시 미국과 가까워졌다.

이조차도 냉전 절정기의 군비 지출 수준 — 미국 총생산의 거의 20퍼센트와 맞먹고 생산 규모가 상당히 더 작은 소련에는 십중팔구 그 두 배나 됐을 — 을 제대로 설명하기에는 부족하다.[6] 그러나 군비 지출은 미국 자본주의에 한 가지 커다란 이득을 안겨 줬다. 제2차세계대전 기간에 국가가 국민생산의 40퍼센트 이상을 군비 증강에 사용하는 등 군비 지출이 급증한 것은 뜻밖의 결과를 빚었다. 민간 자본에 시장이 생겼고, 1937~1939년의 불황에서 미국 경제가 탈출할 수 있었고, 이윤율 저하 없이 총생산량이 갑절로 늘었다.[7] 냉전 시기에 더 낮은 수준의 군비 지출도 비슷한 결과를 낳았다(122쪽 그림 3 참조). 1950년대 내내 거의 변하지 않던 이윤율 덕분에 투자는 지속됐고 경제는 20년 전의 파괴적 불황을 겪지 않았다. 가치 파괴가 주기적 위기 경향을 완화할 수 있다는 자본주의의 커다란 불합리 중 하나[8]가 냉전 시기에 두 경쟁 제국주의 사이의 심각한 군비경쟁을 부추겼다.

1980년대 말에 소련 블록이 무너지자 제국주의들의 냉전 충돌은 끝났다. 그러나 그 과정에서 전체 세계 자본주의 구조에 엄청난 변화가 일어났다.

유럽 제국들의 종식

제2차세계대전은 제국주의론, 특히 1916년에 부하린이 자세히 설명한 제국주의론에 딱 맞았지만, 레닌이 홉슨에게서 물려받아 강조한 금융자본과 해외투자 명제와는 맞지 않았다. 그것은 40년 남짓 되는 냉전 시기에도 마찬가지였다. 비록 당시 많은 좌파가 이를 깨닫지 못했다 하더라도 말이다(지금도 일부 좌파는 그렇다).

독일과 일본이 패배하자, 영국 · 프랑스 · 네덜란드 · 벨기에는 극동 · 북아프리카 · 중동 지역에 있는 자신들의 옛 식민지에 대한 지배력을 다시 확립했다. 비록 프랑스는 식민지를 되찾기 위해 영국이나 미국 군대에 의존해야 했지만 말이다. 독자적 제국주의 정책들을 유지하려는 시도들도 있었다. 예컨대, 영국의 주류 정치권 핵심부는 미국이 언제나 영국의 이익을 보호해 주지는 않을 것이라고 불신하게 된 이후 독자적 핵무기 개발을 추진했다. 영국은 상당한 비용을 들여 가며 1960년대 말까지 수에즈 운하 동부에 영국 군대를 계속 주둔시켰다. 영국과 프랑스는 미국의 뜻을 거스른 마지막 군사적 모험으로 1956년 수에즈전쟁을 감행했다.

그러나 전후 수십 년 동안의 추세는 식민정책들, 또한 서방 자본주의 열강들 간 충돌과는 동떨어진 것이었다. 레닌과 부하린이 이론화한 그 전 70년간의 특징과는 달랐다. 영국은 인도 주둔 영국군 수병들이 대규모 반란을 일으킨 뒤인 1947년 마침내 식민지 왕관의 보석 같은 존재인 인도를 포기했고, 같은 해 지중해 동부에서 철수하기 시작했다. 그 뒤 20년 동안 말레이시아와 아프리카 식민지들도 같은 길을 따랐다. 네덜란드 제국주의는 동인도제도를 고수하려 했으나 1950년에는 결국 패배를 인정했다. 프랑스는 제국을 포기하는 것에 더 강력하게 반발했다. 인도차이나를 고수하기 위한 9년간의 전쟁에서 패배한 뒤 알제리를 유지하기 위해 또 9년 동안 애를 썼으나 실패했고, 결국 1960년대에 카리브해와 태평양의 섬 두어 개만 제외하고 공식적 제국을 모두 포기했다.

일부 지역에서는 미국이 서유럽의 영향력을 대신했다. 1954년 프랑스가 철수한 남베트남을 차지한 미국은 처절하기 이를 데 없는 전쟁을 벌인 뒤 1970년대 중반에 쫓겨날 때까지 그곳을 지배했다. 미국은 중동의 대부분 지역과 아프리카 일부 지역에서 강력한 영향력을 행사하게 됐다. 그러나 유럽 열강들과 마찬가지로 공식적 식민주의로부터는 후퇴해 필리핀 독립을 인정하고 푸에르토리코만 계속 직접 통치했다.

이렇게 직접적 식민주의에서 후퇴한 직접적 결과는 세계 나머지 지역을 둘러싼 서유럽 열강들 간의 오랜 충돌이 끝났다는 것이다. 그들 간의 전쟁 노력은 영원히 사라진 듯했다. 그와 동시에, 레닌과 부하린의 제국주의론이 예상하지 못한 일도 일어났다. 즉, 식민지를 상실한 뒤에도 서방 각국의 경제는 25년 넘게 지속한 호황을 누렸고, 실업은 최소화했으며, 노동자들의 생활수준이 빈번히 상승했는데도 이윤 수준은 별 탈 없이 유지됐다. 그리고 식민지가 전혀 없는 선진국들인 서독 · 일본 · 이탈리아 등의 경제도 전례 없이 급성장했다. 국내에서 대규모 개혁을 제공할 수 있는 경제적 자원이 쓸데없이 식민지에 낭비되고 있다는 홉슨의 주장이 마치 옳은 것처럼 보였다.

사실, 급속한 성장의 추진력은 바로 대규모 군비 지출을 동반한 미국과 소련의 냉전 제국주의 경쟁이었다. 선진국들은 자본 '과잉'은커녕 부족에 시달렸고, 자본 수출은 1930년대 대공황 당시의 아주 낮은 수준을 유지했다. 1962년에 마이크 키드런이 지적했듯이,

> 심지어 영국에서도 …… 자본 수출의 중요성은 엄청나게 감소했다. 최근 자본 수출은 국민총생산의 약 2퍼센트인 반면 제1차세계대전 전에는 8퍼센트였다. 지금 자본 수출이 흡수하는 저축은 10퍼센트 미만이지만 전에는 약 50퍼센트였다. 그리고 해외투자 수익은 지금 국민소득의 2퍼센트를 약간 넘지만, 1880년대 4퍼센트, 1907년 7퍼센트, 1914년 10퍼센트였다. 1895~1913년 신규 발행 주식의 61퍼센트가 해외 계정이었지만, 1938년에는 30퍼센

트까지 떨어졌고, 최근에는 20퍼센트를 넘지 못한다.[9]

그리고 산업화가 덜 된 지역들에 대한 해외투자는 점차 줄어들고 있었다. "활동은 선진 세계 내부로 점점 더 집중돼, 몇몇 개발도상국을 제외한 모든 나라들을 새로운 역동성의 바깥에 남겨 뒀다."[10]

라틴아메리카의 수치는 전후에 해외투자의 중요성이 감소한 것을 잘 보여 준다.

국내 자본 스톡에서 해외직접투자가 차지하는 비율(단위 : 퍼센트)

아르헨티나	1913년: 34	1940년: 16	1950년: 3	
멕시코	1910년: 49	1940년: 32	1950년: 26	1970년: 9

마지막 수치들은 캐나다와 비교할 수 있는데, 캐나다의 경우 1950년 8퍼센트, 1970년 12퍼센트였다.[11]

제3세계 제품에 대한 수요 변화는 투자 패턴 변화와 동시에 일어났다. 제1차세계대전이 시작됐을 때 농업국 원료들은 서방의 산업 생산에 필수적이었고, 식민 통치는 공업국들이 원료 공급을 확보하고 그런 원료가 경쟁국으로 들어가지 못하게 막는 중요한 방법이었다. 그러나 양차 세계대전 시기의 무역 중단 때문에 공업국들은 그런 원료의 대체물을 찾지 않으면 안 됐다. 그래서 20

세기 전반기에 화학비료, 인조고무, 레이온, 나일론, 다양한 플라스틱 등이 발명됐다. 그리고 제2차세계대전 기간과 그 후에 유럽과 북아메리카에서는 산업 생산과 보조금을 이용해 식량 생산을 늘리는 등 농업이 커다란 변화를 겪었고, 그래서 해외 수입 의존도가 줄어들었다. 이제 세계에는 원료와 식량이 넘쳐 났고, 아프리카와 아시아의 식민지에서 철수하는 것이 더는 유럽 각국 자본가들에게 위협이 되지 않았고, 전에 그런 식으로[즉, 식민지에서] 돈을 벌던 기업들이 이제는 새로운 사업 분야로 투자를 다변화하기 시작했다. 1960년대 초가 되면, 규모가 커진 영국 기업들은 의식적으로 사업 초점을 옛 제국의 땅에서 유럽과 북아메리카의 새로운 시장으로 옮기고 있었다.

그러나 여기서 한 가지 중요한 예외가 있었는데, 바로 석유였다. 석유는 원료 중의 원료로, 크게 증가한 에너지 수요를 충족시키고 자동차 · 탱크 · 비행기의 급속한 확산을 촉진했을 뿐 아니라, 플라스틱 · 인조고무 · 합성섬유 등의 제조 성분이었다. 그리고 석유 산지가 점점 더 유럽과 북아메리카 외부에서 발견되고 있었다. 1950년대 초의 '걸프 석유'는 멕시코 만 주변, 특히 텍사스에서 발견된 석유를 가리키는 말이었다. 세계 유가를 결정한 것은 바로 그 석유를 퍼내는 비용이었다. 1973년 아랍-이스라엘 전쟁 동안 일시적으로 석유 공급이 중단됐을 때 드러났듯이, 1970년대 중반에 문제가 된 '걸프'는 바로 페르시아 만이었다. 사우디아라비아 · 이라크 · 이란 · 쿠웨이트, 그리고 아라비아 반도 주변의 소족장 국가들이 중요한 나라들이었다. 그들의 정책을 지배하는 것이 점차 선진 자본주의 국가들에게는 중요해졌다. 이런 목적을 달성하기 위해 뇌물, 협박, 무기 판매, 군사고문단과 군대 파병 등이 사용됐다. 그리고 대부분의 토착민을 추방하고 남은 사람들의 권리를 인정하지 않고 있는 세계 최후의 고전적 식민지인 정착민 국가 이스라엘을 지원했다. 바로 이 지역에서 1947~1948년, 1956년, 1967년, 1973년, 1980~1989년, 1982년, 1991년, 2003년에 세계 체제에 중요한 전쟁들이 계속 벌어졌다.

식민주의 이후의 제3세계 ― 가혹한 현실의 수용

유럽 식민주의 제국들이 해체된 것은 그런 제국들의 손아귀 아래 살아가던 세계 인구의 절반에게는 엄청나게 중요한 정치적 사실이었다. 그것은 그런 제국들의 지배에 반대해 이런저런 방식으로 싸웠던 사람들에게 매우 중요한 문제를 제기했다. 제국들이 더는 존재하지 않는다면 제국주의는 ― 반제국주의 투쟁도 ― 도대체 어떻게 된 거지?

서방의 많은 사회민주주의자들과 자유주의자들은 이제 제국주의도 존재하지 않는다고 말했다. 1930년대 영국에서 마르크스주의를 가장 널리 보급시킨 것으로 유명한 존 스트래치가 바로 이런 결론을 내렸다. 그는 자신의 책 ≪제국의 종말≫(1959년)에서 노동조합의 압력과 정부 개입이 결합돼 생활수준을 끌어올렸고 그 때문에 이제는 잉여를 흡수하고 과잉생산을 예방할 식민지들이 기업들에게 필요하지 않다고 주장했다. 사실상, 그는 홉슨이 제시한 제국주의의 대안, 즉 국내 경기 부양 정책이 효과를 거둬 체제의 문제점들을 해결했다고 말한 셈이다.

좌파의 주요 부문은 그런 주장을 거부했다. 그들은 옛 식민지 나라들이 여전히 빈곤과 기아에 허덕이고 있음을 알고 있었다. 그리고 제국으로부터 이득을 봤던 서방 기업들이 여전히 그런 나라들에 뿌리내리고 있음도 알고 있었다. 더욱이, 유럽 제국들은 끝났지만 이른바 '제3세계'나 '남반구' 사람들이 당한 폭력은 결코 끝나지 않았다. 많은 지역에서 미국 국가는 유럽인들한테서 폭력적 억압의 바통을 넘겨받았다. 프랑스가 알제리를 떠나자마자 미군이 베트남에서 테러를 가하고 있었고, 미국은 베트남에서 철수하자마자 남아프리카공화국의 아파르트헤이트 정권이 군대를 보내 앙골라 — 그 직전에 포르투갈의 지배에서 해방된 — 를 분할하는 것을 지원했다.

제국주의의 종말에 대한 경솔한 얘기를 거부한 사람들은 레닌의 1916년 분석이 여전히 타당하다고 주장하면서 그 이후의 변화들을 인정하지 않으려 했다. 그러나 진짜 문제가 하나 있었다. 레닌 견해의 강점은 자기들끼리 세계를 분할하고 재분할하는 처지로 내몰린 서방 열강들이 한편으로는 전쟁으로, 다른 한편으로는 식민지 직접 통치로 나아간다는 주장에 기초를 두고 있었다. 이것은 서방 국가들 간의 전쟁 가능성이 점차 희박해지고 식민지들이 독립을 획득한 상황에는 거의 맞지 않았다. 좌파의 대부분은 제국주의 개념을 서방 자본가계급들의 제3세계 착취만을 가리키는 것으로 조용히 재再정의하고, 레닌의 이론에서 그토록 중요했던 제국주의 열강들 간의 전쟁 노력을 무시하고, 실천에서는 체제 전체를 카우츠키가 말한 초제국주의의 한 변형쯤으로 이해했다. 그와 동시에, 식민주의에 대한 얘기를 '신식민지'나 '반식민지'에 대한 얘기로 대체했을 뿐이다.

레닌도 '반식민지'에 대해 쓴 적이 있다. 그가 말한 반식민지는 제1차세계대전 당시의 중국 같은 곳들로서, 거기서는 식민주의 군대가 영토의 일부를 점령하고 무력을 이용해 자신들의 의지를 [토착] 민족 정부에 강요했다. 그런 나라들의 독립은 영토 일부를 무력 점령한 정치적 지배에 대한 종속을 숨기는 속임수였다. 직접 식민 통치가 끝난 뒤 1950년대와 1960년대에 반식민지처럼 보인 곳들이 있었다. 많은 지역의 식민지 정부 당국이 본국으로 철수하면서 자신들이 만들어 낸 피조물에게 그 지위를 넘겨줄 수 있었다. 새 지배자들은 식민 통치에 협력한 대가로 계급 특권이나 그 이권의 일부를 누리던 자들이었고, 국가 관리들, 특히 군대

요직 인사들에게는 대부분 그런 연속성이 있었다. 그래서 예컨대 알제리를 포기해야 했을 때, 프랑스는 아프리카 서부와 중부의 방대한 지역에 '독립'을 허용하면서, 전과 마찬가지로 프랑스 기업들과 계속 협력하고 프랑스 통화를 계속 사용하며 '질서' 유지를 위해 주기적으로 프랑스 군대를 끌어들이는 자들에게 권력을 넘겨줬다. 그런 상황에서 사람들이 '신식민주의'를 말하는 것은 어찌 보면 자연스러웠다.

그러나 가장 중요한 경우들의 일부에서는 독립이 실제로 독립을 의미했다. [신생 독립국의] 정부들은 유엔에서 의석을 차지했을 뿐 아니라 전 세계 각국에 대사관을 개설했다. 또, 경제에 개입했고, 식민지 기업들을 국유화했고, 토지개혁을 시행했고, 라틴아메리카 종속 이론가들의 주장이나 흔히 스탈린 치하 소련의 경험에서 고무받은 산업화 계획을 추진했다. 더 급진적인 중국 · 쿠바 · 베트남 정권들뿐 아니라 인도 · 이집트 · 시리아 · 이라크 · 알제리 · 인도네시아 · 가나 · 적도기니 · 앙골라 · 타이완 · 남한도 그런 정책들을 추진했는데, 그 성공이나 실패 정도는 다양했다.

시간이 흐르자 심지어 '유순한' 옛 식민지 정권들조차도 그런 노선을 추구하기 시작했다. 예컨대 말레이시아 정권(그 지배자들은 1940년대 말과 1950년대 초의 반식민지 반란을 진압하기 위해 영국이 키운 정치인들이었다), 1960년대와 1970년대 초 이란의 샤 정권(CIA가 후원한 쿠데타에 힘입어 1954년에 집권했다), 타이완 정권(1940년대 말에 대륙 본토에서 인민해방군이 승리한 뒤 미국의 지원을 받아 수립된)이 바로 그랬다. 심지어 1965년 콩고-자이르에서 CIA의 지원을 받아 집권했던 모부투조차 3년 뒤 광업 대기업 UMHK를 국유화하고 수출 소득의 70퍼센트를 몰수했다.

이집트의 나세르나 인도의 네루 같은 정권들을 '신식민지'나 '반식민지'라고 부르는 것은 희화화다. 그것은 브라질의 바르가스, 멕시코의 제도혁명당PRI, 아르헨티나의 페론과 1950년대에 그를 축출한 자들, 또는 사실상 1930년대 초 이래로 공화당Fianna Fail이 지배해 온 아일랜드의 민족주의 정권을 그렇게 부르는 것과 마찬가지다. 각각의 경우 정치적 독립체뿐 아니라 자본 축적의 독자적 중심도 건설하려는 시도가 있었다. 이들은 여전히 훨씬 더 강력한 선진국 자본주의가 지배하는 세계 안에서 움직이고 있었지만, 그렇다고 해서 그들의 장난감에 불과한 것은 아니었다.

그런 시도들의 성공은 곳에 따라 매우 다양했다. 극소수 나라들은 이른바 선진 자본주의의 '하위 분업' 체계 속으로 편입해 들어갔다. 남한 · 타이완 · 싱가포르 · 홍콩이 그랬고, 1990년대에 세계 최고의 산업 성장률을 경험한 중국 연안 지역이 그랬다. 이들 각각의 경우에 독재 정권의 강압과 가혹한 탄압으로 국민 대중의 생활수준을 낮추고 산출량의 30퍼센트 이상을 축적에 사용해, 산업화에 성공할 수 있었다. 그러나 다른 곳에서는 비슷한 방법이 사뭇 다른 결과를 낳은 경우가 많았다. 라틴아메리카 주요 국들에서는 거의 50년에 걸친 성공적이지만 느린 축적의 시기 뒤에 찾아온 1980년대는 정체, 외채 위기, 광범한 국민의 빈곤 증대로 얼룩진 "잃어버린 10년"이었다. 한때 노동자들의 생활수준이 프랑스만큼이나 높았던 공업국 아르헨티나는 1970년대 초 이래로 정체하기 시작했다. 아프리카의 사하라 사막 이남 지역에서는 1인당 산출량이 30년 넘게 하락했다.

실제로 '개발'이 있었던 곳에서도 보통은 국민 대중의 끔찍한 조건과 독재 정치의 결합이 그런 개발을 따라다녔다. 바로 그 때문에, 탈식민화했어도 아무것도 변한 게 없다는 생각이 중간계급, 노동자, 농민 사이에서 그토록 널리 퍼진 것이다. 당연히 하층 중간계급과 노동자들 — 그리고 가끔은 일부 농민 — 사이에서 민족주의적 '개발주의' 국가에 대한 환멸이 늘어났다. 그런 국가가 국민 대중의 생활수준을 향상시키고 중간계급의 생활 조건을 개선하겠다던 약속을 지킬 수 없음이 점차 분명해졌다. 이것은 그 국가가 '민족 해방'을 선언하며 제시한 목표를 배반했다는 감정으로 쉽사리 바뀔 수 있었다. 저항운동은 그 오랜 슬로건들을 꺼내들어 국가를 겨냥해 사용했는데, 심지어 1950년대 아르헨티나와 1960년대 인도에서 그랬듯이 국가와 외국 자본 간의 직접 연계가 아주 미미할 때조차도 그랬다. 자본주의적 발전을 추구하는 부르주아지와 쁘띠부르주아지의 민족주의 이데올로기는 그런 발전을 추구하는 과정에서 고통을 겪은 사람들의 좌파 민족주의 이데올로기가 됐다.

그 한 가지 표현이, 특히 1959년 쿠바 혁명 이후, 새로운 급진적 종속이론의 유행이었다. 스탈린주의와 라틴아메리카의 전통을 혼합한 이 종속이론들이 1960년대에 전 세계 좌파의 대다수를 사로잡았다. 폴 바란(특히 ≪성장의 정치경제학≫)과 안드레 군더 프랑크(≪저발전의 발전≫)의 저작들이 그 주제에 관한 마르크스주의 사고를 대부분 지배했다(비록 군더 프랑크 자신은 스스로를 마르크스주의자라고 생각하지 않았지만 말이다).[12]

바란은 이렇게 썼다. "이런 나라들에서 자본주의 질서는 경제성장, 기술 진보, 사회 변화의 동력으로 작용하기는커녕 경제 정체, 케케묵은 기술, 사회적 후진성의 구조를 나타냈다."[13] 그리고 "저발전국에서 사회주의 계획경제의 수립은 경제적·사회적 진보를 달성하는 데 꼭 필요한, 정말로 없어서는 안 되는 조건이다."[14]

군더 프랑크도 마찬가지로 단호하게 주장했다.

> 자본주의의 위성 국가들, 지역들, 부문들은 이 자본주의 구조에서 해방되지 못하거나 세계 자본주의 체제 전체에서 떨어져 나오지 못하면 저발전의 운명을 벗어날 수 없다. …… 세계 자본주의 체제의 중심에 하나의 위성처럼 통합돼 있는 나라는 결정적으로

자본주의 체제를 포기하지 않으면 경제 발전 국가 대열에 들어설 수 없다.[15]

바란의 '사회주의'와 군더 프랑크의 '자본주의와의 단절'은 소련 스탈린 체제의 모델을 추구하는 것이었다.[16]

어떤 형태의 '종속'이론이든 설득력은 약했다. 종속이론의 토대를 이루는 네 가지 가정은 결코 입증할 수 없는 것이었다.

종속이론은 제3세계에 투자한 선진국 자본가들이 산업 건설을 의도적으로 회피한다고 가정했다. 그렇게 하는 것이 수익성이 있을 때조차, 본국의 산업자본과 경쟁하게 될까 봐 두려워서 그렇게 하지 않는다는 것이었다. 따라서 군더 프랑크의 주장은 대부분 순환론이다. 산업 발전이 진행되지 않는 것은 외국 상인 자본이 지배하고 있기 때문이고, 이것은 외국 자본이 산업 발전을 저지한다는 것을 보여 준다. 물론 이런 가정은 레닌이 혁명 전 러시아의 경험을 토대로 외국 자본이 산업 건설을 시작할 수 있다고 본 것과는 정반대였다. 군더 프랑크의 주장은 또, 제1차세계대전 개전 전의 아르헨티나와 영연방 자치령들, 1930년대 이후의 멕시코, 아르헨티나, 브라질에서 진행된 상당한 산업 발전도 설명하지 못했다.

종속이론의 두 번째 잘못된 가정은 서구 국가들이 그런 산업화를 방해하기 위해 언제 어디서나 자신의 권력을 사용하려 한다는 것이었다. 실제로는 서구 국가들이 그런 경우도 있었고 그러지 않은 경우도 있었다. 그래서 영국은 제국의 어떤 부분에서는 산업화를 방해하는 정책들을 추구했지만 다른 곳에서는 산업화의 진전을 아주 만족스러워한 경우(예컨대, 아일랜드 북동부의 대규모 조선소와 금속 산업, 벵골의 황마 공장이 성장한 것)도 있었다.

셋째로, 종속이론은 라틴아메리카 정부들이 독자적 정책들을 추구하지 못하도록 서구 열강들이 방해하고 조종할 수 있다고 가정했다. 그러나 현실은 훨씬 더 복잡했다. 모든 강대국은 더 약한 국가를 굴복시킬 수 있는 다양한 수단을 갖고 있다. 그러나 원하는 목표의 일부 이상을 달성할 수 있는 경우는 드물다. 그래서 예컨대 영국은 아르헨티나가 최종 독립을 획득한 1820년대부터 1860년대 초까지 아르헨티나를 휩쓴 내전의 결과에 영향을 미치려고 애를 썼다. 그러나 결코 완전히 성공을 거두지는 못했고, 보통은 영국 처지에서 볼 때 최악이 아닌 결과를 얻기 위해 노력하는 데 그쳤다. 내전 자체와 그 결과를 좌우한 세력균형은 아르헨티나 착취계급들의 내분(내륙의 대토지 소유자들과 부에노스아이레스의 상인들 간의 경쟁) 때문이었다. 그들은 저마다 외국 동맹 세력을 이용해 자신들의 입지를 넓히려 했다. 이것은 유럽의 직접 식민지나 중국에 있는 반식민지 영토에서 유력했던 것과는 사뭇 다른 상황이었다. 비록 영국의 '백인 자치령'과는 약간 비슷했지만 말이다.[17]

마지막으로, 종속이론은 한 나라의 지배계급이 더 큰 자본주의 나라들과의 무역·투자 패턴에 '종속'돼 있으므로 어쩔 수 없이 독자적인 자본 축적과 경제 발전 노선을 추진할 능력을 상실했다고 주장했다. 그러나 이것은 대부분의 세계 자본주의 나라들도 그런 독자성이 없다는 주장과 마찬가지일 것이다. 예컨대, 50년 동안 유럽 경제들은 미국 경제 상황에 아주 크게 의존하고 있었다(그래서 "미국이 감기에 걸리면 유럽은 폐렴에 걸린다"는 말이 나왔다). 네덜란드 경제는 영국과 독일 상황에 아주 크게 의존했다. 그러나 이 때문에 유럽의 지배계급들이 단지 미국의 꼭두각시들이었다거나 네덜란드 지배계급이 영국과 독일의 이해관계에 놀아났다거나 한 것은 아니다.

종속이론이 사람들에게 호소력이 있었던 이유는 세계의 대부분이 자본주의를 받아들이는 것만으로는 자동으로 빈곤에서 벗어나지 못한다는 현실을 인정했기 때문이다. 그러나 그 처방, 즉 세계의 더 가난한 지역과, 선진국들의 대규모 부의 집결지(전에 제국주의에 약탈당했던 곳들을 포함해서)를 단절시키는 것은 적절한 처방이 아니었다. 부가 집결돼 있는 덕분에 선진국 자본가들은 새로운 경쟁자들을 거의 언제나 물리칠 수 있었다. 또, 필요하다면 무력으로도 그들을 능가할 수 있었다. 옛 소련은 1928년 이후 (민중의 엄청난 희생을 치르고) 산업화를 달성할 수 있었다. 브라질과 아르헨티나, 나중에 이집트와 인도도 일부 기간산업을 건설할 수 있었다. 그러나 1960년대 말에는 자급자족적 산업화 모델을 이용해 훨씬 더 멀리 전진하는 데 한계가 있었다. 하지만 이것이 낡은 형태의 종속이론이든 새로운 형태의 종속이론이든 종속이론이 선전해 온 바로 그 모델이었다.

1960년대 말과 1970년대 초에 반反식민주의 투쟁의 마지막 물결이 미국을 베트남에서 쫓아내고 앙골라 · 모잠비크 · 기니비사우를 포르투갈 식민지에서 해방시키고 짐바브웨에서 백인 지배를 종식시켰을 때 종속이론의 인기는 절정에 달했다. 그러나 오래 전에 해방된 국가들이 잇따라 경제적 곤경에 처함으로써 종속이론의 부적절성이 분명히 드러난 것도 바로 이때였다. 일부 종속 이론가들의 찬사 속에 1970년대 중반에 집권한 폴 포트 정권은 외부 세계와 경제적 연계를 단절하고 철저하게 '자주적인' 발전 정책을 추구하려 했다. 그리고 그 결과는 전임 정권을 방어하기 위한 미국의 폭격에 희생된 것보다 훨씬 더 많은 캄보디아인들의 죽음이었다.

1971년에 마이크 키드론은 더는 '자주적' 발전이 제3세계 나라들에서 가능한 선택이 아니라고 썼다. 그는 "혁명가들처럼 보이는 많은 사람들이 더 정설적인 학교 학생들과 마찬가지로 강력하게 품고 있었던 끔찍한 환상의 종말"에 대해 썼다. "그 환상은 후진국의 경제 발전이 선진국의 혁명 없이도 가능하다는 생각이었다."[18] 그가 다 옳았던 것은 아니다. 그 '환상'은 훨씬 더 오랫동안 살아남았고, 자국 노동자 · 농민의 엄청난 희생을 치르며 '자주적 발전' 노선을 추구해 왔던 소수 국가들은 외국 자본과 무역에 대한 경제 개방에 기초한 새로운 축적 전략을 채택할 수 있었다. 그러나 대다수 국가들은 이제 어떤 노선을 취하든 파멸을 겪었다.

제3부
제국주의와 '세계화'

홉슨 시대와 제2차세계대전 사이 시기에 제국주의는 변했다. 전후 시기에 또다시 변했다. 1960년대 말과 1970년대에 세 번째 변화가 일어났다.

20년 동안 서방 열강들은 소련 블록에 맞서 미국의 지도력 아래 단결했고, 1949년 공산주의 세력이 승리한 중국이 소련 블록에 가담했다. 서방 열강들 사이에는 가끔 긴장이 있었다. 앞서 봤듯이, 영국과 프랑스는 미국의 지원 없이 이집트를 상대로 전쟁을 벌이려 했으나 실패했다. 영국과 프랑스 권력자들의 일부는 처음에 독일 자본주의의 부활을 두려워했으나 결국은 1954년 독일 재무장에 대한 의심을 거두고 가장 중요한 서유럽 대륙 국가들 간의 제한적 경제 통합체인 유럽석탄철강공동체ECSC(나중에 유럽공동시장ECM이 되고 결국 유럽연합EU이 되는)를 창설하는 데까지 나아갔다. 1953년부터 1956년 사이에는 통일 독일이 서방 진영에서 이탈하는 대가로 독일민주공화국[동독]과 서독을 통일시키자고 스탈린의 후계자들이 제안할까 봐 두려워하기도 했다. 초대 나토 사무총장 이즈메이 경은 나토가 유럽 열강들을 위해 "소련을 배제하고, 미국을 견인하며, 독일을 억제하는" 구실을 한다고 묘사했다.

그러나 이런 긴장들은 일련의 냉전 대결 앞에서는 하찮게 보였다. 한반도의 공공연한 전쟁, 중국 연안의 아주 작은 두 섬인 진먼 섬과 마쭈 섬을 둘러싸고 벌어진 정면 대결, 1961년의 베를린 위기, 마지막으로 세계 핵전쟁 거의 직전까지 갔던 1962년의 쿠바 미사일 위기 등이 그런 냉전 대결이었다.

쿠바 위기 뒤에 상황은 조금씩 변했다. 중국이 점차 소련과 다른 노선을 추구하기 시작하다가 노골적 반대로 돌아서자 1969년에 두 국가는 거의 전쟁을 벌일 뻔했고, 소련의 동맹국 베트남을 상대로 미국이 벌인 전쟁이 절정에 이른 1971년에는 미국 대통령 닉슨이 베이징을 방문했다. 서방 열강들 사이에도 차이가 있었다. 비록 동·서 간 차이만큼 크거나 공공연하지는 않았지만 말이다. 유럽 열강들은 미국의 베트남 전쟁을 군사적으로 지원하거나 쿠바에 대한 미국의 적대 행위를 외교적으로 은폐해 주는 과정에서 이렇다 할 이득을 얻은 게 없었다. 그리고 가까스로 알제리 전쟁을 끝낸 프랑스 대통령 드골은 미국이 세계 무역에서 달러화가 누리는 우위를 이용해 해외투자 대상을 저렴하게 매점하는 것을 공공연하게 비난했다. 이 때문에 제국주의 열강들 간의 새로운 대결 국면인 '유럽 대 미국'에 대해 추측하는 사람들도 있었다.[1] 그러나 그런 불화는 결코 통제할 수 없는 듯하지는 않았다. 미국은 베트남이나 쿠바 문제를 둘러싸고 동맹국들에게 더 많은 것을 요구하며 강력하게 압박하지는 않았고, 드골과 달리 다른 유럽 열강들은 달러를 토대로 한 미국 자금들이 유럽에서 활개 치는 것을 용인했다. 서방 제국주의들은 소련 제국주의라는 경쟁자에 대한 적대 때문에 주요 쟁점들에 대해서는 상호 협력을 유지했다.

더 중요한 변화는 물밑에서 일어나고 있었다.

독일과 일본이 급속하게 성장함에 따라(122쪽 그림2 참조) 여러 서방 국가들 간의 경제적 균형이 장기적 변화를 겪었다. 1945년에 미국은 세계 산출량의 약 50퍼센트를 차지했지만, 1980년대에 그 수치는 약 25퍼센트로 떨어졌다. 1953년에 미국은 선진국 국민총생산 총합의 59퍼센트를 차지했지만, 1977년에는 48퍼센트밖에 안 됐다. 같은 기간에 일본의 비율은 3.6퍼센트에서 13.2퍼센트로 상승했고, 서독의 비율은 6.5퍼센트에서 13.2퍼센트로 상승했다.[2] 1960년대 초에 일본의 제조업 수출은 미국의 3분의 1도 안 됐지만, 1970년대 말에는 거의 같은 수준으로 올라섰다. 그리고 1974~1975년의 세계 경제 불황과 함께 약간 하강했다가 그 뒤 10년 동안은 미국보다 더 급속한 성장을 지속했다. 미국 — 그리고 정도는 덜 하지만 영국도 — 은 군비 지출을 통해 세계 경제 전체를 떠받치는 대가를 치르고 있었다. 근본적으로, 미국의 무기 산업은 미국 경제 호황을 유지해 줬고, 따라서 독일과 일본에게 수출 시장을 제공해 줬던 것이다. 한편, 독일과 일본은 독자적인 대규모 군비 예산이 없었기 때문에 산업에 더 많이 투자할 수 있었고 생산성과 경쟁력에서 미국을 따라잡기 시작했다.

이와 함께 두 번째 커다란 변화가 체제 전체 안에서 일어났다. 1960년대 말 이후 국경을 넘나드는 자금 흐름이 증가하고 있었다. 1968~1974년에 서유럽 은행들의 외환 수탁고는 8배 증가했다. 자금 흐름 속도는 1973~1974년에 국제 유가가 네 갑절 뛰어오른 뒤 더 빨라졌다. 갑자기 산유국들로 막대한 돈이 쏟아져 들어왔고, 산유국 지배자들은 그 돈을 주로 미국 은행들에 맡겼고, 미국 은행들은 그 돈을 다시 특정 신흥공업국들(특히 브라질)과 동구권 나라들(폴란드와 헝가리)에 대출했다. 이런 나라들은 여전히 호황을 누리고 있었고 대출금을 안전하게 상환할 수 있을 듯했다. 그러나 호황은 1980~1982년의 세계 경제 불황을 극복하지 못했고, 대출 이자 상환도 힘들어진 나라들은 파산 직전 지경에까지 내몰렸다. 그러나 국제 금융 거래는 계속 성장했다. 1985년 9월 국제 은행권의 총 대출액은 2조 3470억 달러였고,[3] 유로본드◆ 시장의 규모는 그해에만 70퍼센트 증가했다.

◆ 유럽 자본시장에서 발행된 외화 표시 채권.

국제 은행권의 성장과 함께 국제 외환 거래도 폭발적으로 증가했고, 이 때문에 국내 은행들을 통제하려는 각국 정부의 시도는 점차 쓸데없는 일처럼 보이게 됐다. 1980년대 중반에 〈파이낸셜 타임스〉가 지적했듯이, "규제 완화와 기술 진보는 국제 은행 시장을 단일한 대자본의 저수지로" 끌어당기고 있었고,[4] "고위 국제 은행가들" 따위가 아니라 "유가증권 시장의 세계화"나 "단일 세계 시장에서 이뤄지는 고객 서비스" 같은 "기막히게 멋들어진 문구들"을 지향하고 있었다.[5]

금융의 성장과 동시에 홉슨과 힐퍼딩과 레닌이 그토록 강조했던 특징인 자본 수출도 부활하고 있었다. 1950년에 해외직접투자FDI 액수는 세계 국내총생산GDP의 겨우 4퍼센트였을 뿐이다(1913년의 9퍼센트보다도 낮았다). 1999년에 그 수치는 15.9퍼센트에 이르렀다.[6] 세계 해외직접투자 총 유출량은 1982년에 370억 달러였는데, 1990년에는 2350억 달러, 2000년에는 1조 1500억 달러로 치솟았다. 2000년 수치는 세계 총 고정자본 형성의 약 6분의 1에 해당한다.[7] 그러나 홉슨-레닌의 그림과는 한 가지 중요한 차이가 있었다. 자본이 선진 공업국들에서 '저발전국'들로 흘러간 것이 아니었다. 이미 산업이 존재하는 지역들 간의 자본 이동이 압도적이었다.

"주의해야 할 점은 해외직접투자의 유입이든 유출이든 모두 선진국들에 집중됐다는 사실이다. 해외직접투자 유출입은 대부분 선진국들 사이에 이뤄졌다."[8]

1980~1990년에 '개발도상국'들로 흘러 들어간 해외직접투자 비율이 25퍼센트에서 30퍼센트로 상승했지만, "개발도상국들 자체 내에서는 이런 흐름이 극소수 나라들에만 집중됐다. …… 중국을 제외한다면, 개발도상국들이 흡수한 자본 유입 비율은 지난 20년 동안 거의 정체했다. …… 개발도상국에 대한 해외직접투자 총액의 80퍼센트가 10개 나라에 집중됐다."[9] 1990년대 중반에 미국 해외직접투자의 약 절반이 유럽으로만 갔는데, 이는 인도네시아의 50배이고 인도의 거의 400배에 해당한다. 인도 인구가 유럽보다 약 네 배나 많은데도 말이다.[10]

이런 투자 흐름을 보면 자본가들이 생각하는 이윤의 원천이 어디인지를 알 수 있다. 그리고 그것이 압도적으로 선진국들, 소수의 '신흥공업국'들과 지역들(지금 그중에서 가장 중요한 곳은 중국의 연안 지역이다) 내에 존재한다는 것을 시사한다. 이것이 의미하는 바는, 100년 전의 사정이 어떠했든 간에 선진국들을 옛 식민지 세계에 의존해 살아가는 '기생적' 존재로 보는 것은 옳지 않다는 것이다. 서방 노동자들이 제3세계에 대한 '초과착취'로부터 이득을 얻는다고 보는 것도 옳지 않다. 체제를 지배하는 자들은 노동자들이 어디에 있든, 얼마나 가난하든 그들을 착취할 수 있는 기회를 놓치지 않는다. 그러나 해외직접투자 수치가 보여주듯이, 착취의 중심은 이미 산업이 존재하는 곳에 있다.

해외직접투자 수치의 증가는 다국적기업들의 성장을 반영한다. 다국적기업들(예컨대, ITT, 포드, 코카콜라)은 전쟁 전에도 존재했었다. 그러나 보통 국제적으로 통합된 연구와 생산에 기초를 두고 있지는 않았다. 미국 자동차 회사의 영국 자회사는 대개 디트로이트 본사 상황과는 무관하게 자체 모델을 개발하고 판매했다. 1960년대와 1970년대에 이런 상황이 바뀌기 시작했다. 국제적 개발 · 생산 · 판매 전략을 추구하는 기업들이 성공하기 시작했다. 이미 1950년대 말에 IBM은 (미국 국방부와 체결한 대규모 계약들에 힘입어) 새로운 전 세계 메인프레임 컴퓨터 산업을 지배할 수 있었다. 보잉도 (역시 미국 국방부와의 계약에 힘입어) 에어버스 컨소시엄에 공동 출자하도록 유럽 기업들을 압박함으로써 경쟁 '국가' 민간 항공 회사들을 궁지로 몰아넣기 시작했다. 석유화학 생산도 개별 유럽 나라들 내에 국한되지 않고 정교한 파이프라인들을 이용해 한 나라의 공장에서 다른 나라 공장으로 원료를 운반하게 됐다. 다국적기업들에 기초한 자본주의적 생산의 새로운 국면이 열린 것이다.

일단 생산의 국제화 과정이 진행되자 이를 저지할 수는 없었다. 1980년대 말이 되면, 다른 나라 기업들을 인수 · 합병하거나 전략적 동맹 관계를 수립하는 것에 기초한 국제적 전략들을 추구하지 않아도 되는 산업은 거의 없었다. 그 뒤 20년 동안 이런 합병이나 동맹이 모두 세계 경제의 부침을 극복하고 살아남은 것은 아니다. 일부는 분리하거나 결별해 다른 경쟁 업체들과 동맹을 맺었다. 그러나 전반적 양상은 분명했다. 격화하는 국제 경쟁에서 살아남기를 원하는 기업들은 해외에 자회사들을 세우기 시작해야 했다. 2001년에 유럽 기업들은 미국 기업들을 사들이는 데 1260억 달러를 썼고, 미국 기업들은 유럽 기업들을 사들이는 데 420억 달러를 썼다.[11] 1999년에 해외직접투자의 약 80퍼센트는 신규 생산 설비에 대한 투자가 아니라 외국 기업체 인수에 사용됐다[12](외국인 투자는 항상 생산과 고용 증대를 수반한다는 신자유주의의 신화가 얼마나 터무니없는지 알 수 있다).

국가, 자본, '세계화'

금융, 시장, 생산의 국제화 때문에 1990년대 중반에는 단순하게 생각하는 사람들이 많았다. 경제적 행위 주체로서의 국가는 사라지고 있다는 것이다. 새로 등장하고 있는 다국적 세계 자본가계급에게는 50년 전의 이 유물이 필요 없다는 것이다. 이런 생각은 틀렸다. 거대 다국적기업들과 가장 강력한 국가들 간의 지속적 상호 연관성을 깨닫지 못한 것이다.

주요 다국적기업들의 판매나 투자의 많은 부분은 여전히 본국(또는 작은 나라들의 경우 본국과 그 인접국들)에 집중돼 있었다.

이를 보여 주는 10년 전의 상세한 조사 결과가 있다.

다국적기업들의 본국 내 영업 비율(단위 : 퍼센트)[13]

	제조업 판매	서비스업 판매	제조업 자산	서비스업 자산
미국	64	75	70	74
일본	75	77	97	92
독일	48	65	데이터 없음	데이터 없음
프랑스	45	69	55	50
영국	36	61	39	61

일본과 미국의 경우, 자산이 본국에 극도로 집중돼 있는 게 분명했다. 〈포춘〉이 선정한 100대 기업 중 40개가 판매의 절반 이상을 해외 시장에서 했지만, 자산의 대부분을 해외에 보유한 회사는 겨우 18개뿐이었고, 종업원의 절반 이상을 외국에서 고용한 회사는 19개뿐이었다.[14] 유럽 다국적기업들의 경우에는 그림이 약간 덜 분명했는데, 그 이유는 주로 이웃 유럽 나라들에 투자하기 시작했기 때문이다. 그러나 유럽연합을 하나의 '본거지'로 취급한다면, 집중의 정도는 미국과 일본에 비견할 만하다. 영국 다국적기업들은 예외였는데, 자산의 20퍼센트 이상은 미국에, 그 비슷한 규모가 유럽 대륙에 있었기 때문이다. 그러나 두 수치 모두 나머지 세계 전체(크게 과장된 아시아의 '호랑이'[신흥공업국]들을 포함한)에 있는 자산보다 훨씬 더 많은 것이었다. 지난 10년

동안 체제의 국제화는 매우 빨리 진행됐다. 그러나 변화는 질적인 것이 아니라 양적인 것이었다. 그래서 1998년에 외국인 투자가 선진국 국내 민간 자본 형성에서 차지한 비율은 10.9퍼센트 정도였을 뿐이고, 나머지 거의 90퍼센트는 국내 투자자들의 몫이었다. 일본의 상위 기업 498개에 대한 조사 결과를 보면, 해외에서 벌어들인 이윤은 4분의 1을 조금 넘는다. 이윤의 거의 4분의 3을 여전히 국내 시장에 의존하고 있는 것이다.[15]

이와 동시에, 여전히 대다수 주요 다국적기업들을 어느 한 나라의 자본가들이 확고하게 통제하고 있다. 이 문제에서도 가장 완벽한 수치들은 10년이나 12년 전에 나온 것들이다. 1991년에 미국의 '핵심' 기업 30개 중에서 겨우 다섯 개만 외국인을 이사회에 포함시키고 있었으며, 미국 대기업 이사의 2퍼센트만이 외국인이었다. 일본 대기업 20개 중 겨우 두 개만이, 그리고 독일의 '핵심' 기업 15개 중 네 개만이 이사진에 외국인을 포함하고 있었다.[16] 최근의 연구 결과는 상위 다국적기업 대부분에서 이제는 외국인 이사가 두세 명쯤 있을 거라고 시사한다. 그러나 이조차도 여전히 극소수다. 1999년에 스웨덴 상위 기업 35개 중 겨우 10개만이 외국인 이사가 단 한 명이라도 있었고 이는 이사 전체의 약 10퍼센트였을 뿐인 반면, 네덜란드 상위 기업들은 매출의 60퍼센트를 해외에서 올렸는데도 상위 기업 거의 4분의 3이 외국인 이사가 전혀 없었다. 연구자들은 이렇게 결론지었다. "고위 경영진의 국적 다양화는 대개 기업들의 국제화와 같은 속도로 진척되지 않았다."[17] 세계무대에서 활동하는 엑손모빌이나 마이크로소프트 같은 기업들은 미국인이 아닌 이사들 없이 활동할 수 있다.[18] 르노-닛산은 자기 자신을 다국적기업이 아니라 (프랑스-일본의) "양국兩國 기업"이라고 부르고,[19] 미국의 경제 신문 · 방송들은 다임러-벤츠와 크라이슬러의 합병이 글로벌 통합 약속의 실천이 아니라 크라이슬러가 사실상 독일 측에 넘어간 것이라고 아우성쳤다.

이사들의 국적과 무관하게 여전히 국민국가의 행위는 그 영토 안에서 활동하는 회사의 수익성에 엄청난 영향을 미칠 수 있다. 국민국가는 조세와 정부 지출을 통제하고, 조세와 정부 지출은 경제활동 전반의 수준과 특정 기업의 편의에 모두 영향을 미친다. 국민국가는 중앙은행에 대한 영향력을 통해 기업들이 이용할 수 있는 유동성과 대출금리에 영향을 미친다. 국민국가의 소관 사항인 회사법과 노동법은 상이한 기업들 간의 균형에 영향을 미치고 기업 전체와 노동자들 간의 균형에도 영향을 미친다. 국민국가는 다른 나라에 시장을 개방할 수 있는 무역협정을 협상한다. '지적재산권' 침해 때문에 기업들이 해마다 2000억 달러의 비용을 치르는 것으로 추산되고[20] '해적판'의 국내 시장 잠식 위협이 끊이지 않는 때에, 국민국가는 기업들이 새로운 발명과 발견 ─ 제약회사, 농업 관련 산업, 소프트웨어와 관련해서 점점 더 중요해지는 ─ 에 대한 '지적재산권'의 대가를 확실히 받아 낼 수 있도록 다른 국가들에 압력을 넣는다. 국민국가는 기업들의 수익성 계산이 완전히 어긋나 파산하지 않도록 개입하고 보호하는 능력이 있다. 그리고 마지막이지만 중요한 점인데, 국민국가는 다른 국가들에 맞서 사용할 수 있는 군사력을 독점하고 있다.

체제가 국제화했다고 해서 이런 기능들이 사라지거나 덜 중요해진 것은 아니다. 지난 30년 동안 중요한 국제적 위기가 세 차례 있었고 이제 네 번째 위기가 시작됐다. 국가의 행위는 어떤 주요 기업들의 생존과 다른 많은 기업들의 수익성을 좌우하는 데서 아주 중요했다.

국가는 통화 수준에 영향을 미칠 것인지 말 것인지, 단기금리를 올릴 것인지 내릴 것인지, 관세 및 무역에 관한 일반 협정GATT이나 세계무역기구WTO의 후원 아래 무역협정을 체결할 것인지 말 것인지, 관급 계약을 어떻게 할당할 것인지, 군비 지출을 어느 수준에서 할 것인지 등에 관한 결정을 내려야 했다. 게다가 그 전 시기의 유산인 산업국유화, 통화조절, 관세 등 직접적 경제 개입을 통해 국가가 무엇을 해야 하는가 하는 문제가 있었다. 하나의 '본국'에 35퍼센트 이상(위의 표에서 나타난 최소치)을 투자한 다국적기업들은 이런 선택들에 영향을 미치려는 노력을 무시할 수 없었다.

그래서 1980년대와 1990년대에 국가 간 협상이 국내 기업 상호 관계에서 핵심적 구실을 한 때가 있었다. 1980년대 중반에 미국 기업들의 편의를 봐주고 수익성을 높이기 위해 달러화 대비 엔화 가치 절상을 결정한 미국과 일본 정부의 '플라자합의',[21] 유럽환율조정기구ERM와 그 뒤 유로를 창설하기로 한 유럽 정부들의 결정, 그리고 1992년 영국 기업들의 수출에 파괴적 영향을 미치는 유럽환율조정기구에서 탈퇴하기로 한 영국 정부의 결정, 농산물 무역 장벽과 '지적재산권'(소프트웨어 기업과 제약회사의 수익성을 높이는 데 꼭 필요한) 문제를 둘러싼 유럽연합과 미국 간의 옥신각신, 채무국 처리 문제에 대한 국제통화기금IMF 내부 논의, 국제공항 착륙권에 대한 협정들, 통합 군사협정이 사용하게 될 무기 종류에 대한 협상 등이 그런 것이다.

국가의 결정이 대기업에 얼마나 중요한지는 〈포춘〉이 선정한 세계 100대 기업의 명단을 보면 알 수 있다. "1993년 〈포춘〉의 100대 기업 중 미국의 주요 컴퓨터 · 반도체 · 전자제품 제조업체들은 모두 선별적 군수 계약을 통해 엄청난 특혜를 받았고," "석유산업과 직접 관련이 있는" 또 다른 23개 기업은 '본국' 정부가 자신들의 이권을 보호할 수 있는지에 크게 의존하고 있었던 반면, 적어도 20개 기업은 그 전 15년 동안 정부가 구제해 주지 않았다면 독자적으로 살아남지 못했을 것이다.[22] 게다가 주요 통신회사들은 모두 중요한 계약과 영업 허가를 정부, 그리고 정부와 국제 컨소시엄 간의 협상에 의존하고 있었다.

세계 최대 기업들은 이제 제1차세계대전 이전의 국제화를 능가하는 규모로 국경을 초월해 성장함과 동시에 자신이 여전히 '자국' 정부에 영향을 미칠 수 있는지에 크게 의존하고 있다. 그 이유는 그들의 얽히고설킨 국제적 이해관계를 보호하기 위해서는 국가가 필요하고 현존하는 국가들은 오직 국민국가이기 때문이다.

체제의 가장 국제화한 측면과 관련해 딕 라이언은 최근 다음과 같이 지적했다. 곧,

> 국제 금융은 세계적 축적 내에서 국적이 얼마나 중요한지를 분명하게 보여 준다. 위성과 컴퓨터 기술의 결합으로 …… 금융 흐름의 신고전파 '완전 시장'이 국경을 초월하고 금융의 경계와 소재를 뛰어넘어 수익률을 균등하게 할 수 있는 기술적 조건들이 모두 마련됐다. 그러나 …… 금융이 국민적 특성들을 유지하고 있다는 점도 잘 알려져 있다. 금융은 각국의 저축과 투자를 균등하게 하기 위해 체계적으로 움직이지 않는다. …… 각국의 지정통화들로 이뤄진 세계 금융 시스템은 국민적 차원이 없는 세계화가 불가능하다는 점을 보여 준다. 국민국가들이 '자국' 통화의 세계적 통용성에 책임이 있다고 생각되기 때문에, 심지어 선진 금융 형태에서조차도 세계화는 축적의 국민적 차원을 제거하려는 것이 아니며 실제로도 그렇게 보인다. 사실, 세계화는 국민적 차원이 느린 해체 과정 속에서 '겨우 유지되는' 것도 아니다. 세계적

축적은 실제로 국민적 차원을 재생산하고 있다. 비록 과거와 사뭇 다른 방식이기는 하지만 말이다.[23]

각국 정부가 '신자유주의'에 대한 이데올로기적 헌신이나 경제를 시장에 맡기겠다는 공언을 얼마나 많이 하는지는 중요하지 않다. 시장에 그토록 중요한 영향을 미칠 수 있는 결정을 그들이 회피할 수 없는 것은 자기 그림자를 뛰어넘을 수 없는 것이나 마찬가지다. 그리고 거대 다국적기업들은 이런 결정 과정에 영향을 주고받는 것을 피할 수 없다.

이것은 자본가들이 계획하고 합의한 정책에 정치인들이 그저 기계적으로 대응하는 과정이 결코 아니다. 자본은 서로 경쟁하는 기업들로 이뤄져 있고, 이들은 저마다 유리한 입지를 확보하기 위해 서로 싸운다. 그리고 자본은 흔히 그런 기업들 내에서 한 명이라도 더 제치고 위로 올라가기 위해 서로 경쟁하는 경영자들로 이뤄져 있다. 자본주의 정부가 넘을 수 없는 한계가 있는데, 만약 이 한계를 넘으려 하면 경제에 엄청난 피해를 끼치며 정부 자신도 커다란 타격을 입게 된다. 그러나 이 틀 안에서 자본주의 정치인들과 기업인들의 연합들이 다양한 정책들을 추진하면서 저마다 자신들이 지배계급 전체를 위한 최상의 정책을 구현할 수 있음을 보여 주려 한다. 으레 그런 연합들은 단기 이윤을 노리는 자들, 거액으로 언론을 지배하는 부패한 자들, 자본가계급 일부에게 역사적 목표 의식을 제시하는 이데올로기적 비전을 가진 자들을 서로 결합한다. 미국에서 공화당과 민주당의 지도권을 놓고 서로 싸우는 다양한 분파들이 그런 연합들이다. 영국 주류 정치권의 보수당과 노동당 내에서 유로 찬성파와 반대파로 나뉘어 서로 경쟁하는 집단들도 마찬가지다. 그들이 쟁취하려 하는 것은 자본주의적 목표를 위한 국가권력의 사용이다. 바로 이 과정에서, 국제적 규모의 자본주의 간 경쟁의 형태로 이뤄지는 강제력 사용이라는 의미에서 제국주의가 발호하게 되는 것이다.

미국 — 헤게모니, 군대, 제2차 냉전

'세계화' 추세는 미국이 베트남 정복 실패라는 20세기의 가장 중요한 군사적 패배를 겪고 있던 바로 그때 시작됐다. 처음 전쟁을 시작할 때 미국은 자신의 경제력과 군사력으로 쉽게 끝낼 수 있는 단순한 치안 유지 작전을 펼친다고 생각했다. 잘못될지도 모른다는 경고에 대해 로버트 케네디는 "우리에게는 베트남이 서른 개나 있다"고 일축했다.[24] 그러나 미국이 파병 규모를 두 배, 세 배 계속 늘려야만 했을 때, 전쟁에 질려 버린 사람들만 저항한 것이 아니라 월 스트리트가 전쟁 지속 반대로 돌아서는 등 지배계급 내부에서도 전쟁 비용에 대한 반대 목소리가 커지기 시작했다.[25] 전쟁 비용 자체는 15년 전의 한국전쟁 때보다 많지 않았지만 말이다. 세계 경제력의 균형이 변한 것 때문에 미국의 세계 패권 유지력이 타격을 입고 있었다. 마침내 전쟁이 끝날 때쯤에는 미국의 주류 정치권 내에 심각한 분열이 일어났고, 이것은 닉슨이 민주당을 염탐하려 했던 워터게이트 사건과 대통령직 사임으로 절정에 이르렀다. 그사이에 미국은 금융 헤게모니를 상징하던 브레튼우즈 국제 통화 체제를 포기해야 했고 군비 지출 삭감을 시작해야 했다. 미국의 군비 지출은 1960년대 말부터 1970년대 말까지 실질 금액으로 약 38퍼센트 하락했고 국민총생산에서 차지하는 비율로는 거의 절반이나 하락했다.[26]

경제체제의 국제화 때문에 미국의 세계 지배력이 미국 기업들에게 더욱 중요해지고 있던 바로 그때, 미국은 세계의 3분의 2를 쉽사리 지배할 수 있었던 오랜 능력을 상실했다.

한동안 미국은 공화당 정부 대통령 보좌관 키신저와 민주당의 브레진스키가 제시한 외교, 군사력, 살인과 폭력을 결합하는 방식으로 대처할 수 있는 듯했다. 미국은 중국을 이용해 소련에 맞섰고, 1973년 중동전쟁에서 이스라엘에 무기를 대 줘 아랍의 승리를 막았고, 이집트를 미국 편으로 완전히 끌어들였고, 1973년 칠레와 1976년 아르헨티나에서 지배계급이 좌파를 무자비하게 분쇄하는 것을 도와줬고, 유럽의 사회민주주의 세력들과 협력해 1974년 포르투갈 혁명을 봉쇄했다. 그러나 곧 세 겹의 충격이 미국 헤게모니를 강타했다. 1979년 이란에서 혁명이 일어나 왕정이 타도되고 (이로써 중동에서 미국의 전략적 보루 하나가 갑자기 무너졌다. 다른 전략적 보루는 정착민 국가 이스라엘이다), 이슬람주의 투사들은 이란 주재 미국 대사관을 점거해 직원들을 인질로 억류했다. 산디니스타 반군은 니카라과의 친미 독재자를 몰아내고 반제국주의 정권을 세워 이웃 엘살바도르와 과테말라의 게릴라 운동을 고무했다. 그리고 아프가니스탄인들의 저항 증대에 직면한 친소 정부를 지원하기 위해 소련 군대가 아프가니스탄을 침공했다.

이런 충격들에 이어 경제 전선에서 또 다른 충격이 들이닥쳤다. [1974년 이후] 5년 만에 찾아온 국제적 불황과 이와 함께 미국 본토에서 미국 자본주의에 도전하는 일본 기업들의 잇따른 성공이 바로 그것이었다. 일본 자동차 회사들이 미국의 자동차 대기업 포드와 제너럴모터스의 판매 시장을 잠식하기 시작한 반면, 미국 3위의 자동차 회사 크라이슬러는 정부의 비상 구제 조치(그리고 유럽 자회사들 매각) 덕분에 간신히 파산을 모면했다.

이런 사건들을 보면 미국 헤게모니가 베트남전 패배에서 회복될 수 없었던 정도를 분명하게 알 수 있고, 그 때문에 미국 지도자들은 새로운 전략을 추구하게 됐다. 처음에 카터 정부에서는 시험적으로, 그 뒤 레이건 정부에서는 본격적으로 추구했다. 그 전략은 소련과 대결하는 '냉전 제국주의' 전략으로 회귀하는 것이었다. 그리고 이를 이용해 다른 전략적 · 정치적 · 경제적 전선에서 미국의 의제를 받아들이게끔 다른 서방 열강들을 강제하려는 것이었다.

그 전략에는 여러 요소가 담겨 있었다. 곧,

(1) 10년 동안 하락하던 군비 지출을 다시 끌어올려 (국내총생산 비율로는 아닐지라도) 실질 금액으로 베트남전 당시 최고 수준을 회복하고, 신무기 — 크루즈 미사일과 퍼싱 미사일 — 를 배치하는 것. 그 목적은 소련 지배자들에게 선택 — 모든 영역에서 미국의 전략적 우위를 인정하든지(핵 '선제공격'과 '전역戰域 전쟁'을 감행할 수 있는 능력을 포함해서) 아니면 소련 경제를 망가뜨릴 수 있는 수준까지 군비 지출을 늘리든지 — 을 강요하려는 것이었다. 이것은 제국주의적 경쟁이 거의 극단으로 치달은 '부하린 모델'이었다.

(2) 아프가니스탄 저항 세력에게 매우 높은 수준의 무기 · 병참을 지원하고 병력 모집을 원조해(사우디아라비아 정부, 파키스탄군 정보기관, 사우디아라비아 백만장자 오사마 빈 라덴이 여기에 이용됐다) 그들이 소련 군대를 살상해 사기를 저하시킬 수 있도록 하는 것. 이는 10년 전에 베트남 해방 운동이 미군의 사기를 저하시켰던 것과 비슷했다.

(3) 니카라과 산디니스타 정부를 무너뜨리기 위해 콘트라 반군 같은 테러 세력을 조직하고, 엘살바도르와 과테말라에서 게릴

라 반군과 싸우는 우파 친정부 세력에게 군사 자금을 제공하고 베트남에서 써먹은 '게릴라 진압' 방법도 훈련시키는 것.

(4) 냉전 긴장 고조를 이용해 유럽 정부들에 압력을 넣어 미국의 차세대 무기를 도입하게 만들고, 베트남 전쟁 때는 꺼렸던 미국의 광범한 전략적 · 경제적 목표들을 지원하게 만드는 것.

(5) 주로 1970년대 중반 외채를 끌어다 쓴 '신흥공업국'들의 갑작스런 외채 위기가 낳은 세계 은행 시스템에 대한 위협과 요동치는 유가로 조성된 금융 불안을 이용해, 세계 금융 시스템에 대한 미국의 지배력을 재확인하는 것. 미국 재무장관 브래디가 외채 협상을 조종했다. 그 결과 채무국 정부에 부담을 떠넘기고 (심지어 칠레처럼 사기업들이 외채를 끌어다 쓴 경우에도) IMF 구조조정 프로그램을 통해 미국 수출품과 투자에 시장을 개방하도록 그 정부들을 강제한 덕분에 미국 은행들은 안전할 수 있었다. 한편, 미국 지배계급은 다른 어떤 지배계급도 갖지 못한 특권을 이용했다. 세계 무역에서 달러가 하는 핵심적 구실 덕분에 그들은 회계장부가 맞지 않을 때조차도 쉽게 돈을 빌릴 수 있었다.[27]

이 '신냉전'은 군국주의화된 자본주의 ― 즉, 제국주의 ― 의 새로운 국면으로서, 여러 정치적 · 경제적 요인들이 결합된 것이었다. 그것은 단지 해외투자나 무역에서 이윤을 얻기 위한 것만은 아니었다. 그런 이윤은 군사비를 초과한 적이 결코 없었고, 시장 개방도 미국 자본 전체로 보면 대개 하찮은 것이었다. 그것은 군수업체들의 특별 이익을 위한 것만도 아니었다(앞서 말한 〈포춘〉의 표에서 드러나듯이, 상당수 대기업들도 이득을 봤다). 오히려 서로 다른 요인들이 상승작용을 일으켜 만든 선순환이었다. 군비지출이 경제 전체를 부양하며 성장시켰고(당시 경제학자들은 '군사적 케인스주의'라고 불렀다), 주요 기업들은 군대가 대 준 돈으로 신기술을 개발했고, 중요하지는 않더라도 그런대로 쓸모 있는 새로운 시장들이 열렸고, 해외 경제 자산에 대한 통제가 강화됐고, 국제 금융 시스템이 미국의 이익에 맞게 조종됐다.

이런 상승작용 덕분에 대략 1982년 이후 미국 경제는 성장할 수 있었고, 연방준비제도이사회*의 금리 인하 조치에 힘입어 1987년 10월 세계 주가 폭락 뒤에도 계속 성장할 수 있었다. 산업 구조조정이 시작되고 실질임금이 하락하자 이윤율이 회복됐다. 비록 1950년대의 훨씬 더 높은 수준은 아니었지만 1970년대 수준으로 회복됐다. 그리고 경제적 진전과 함께 전략적 측면에서도 승리를 거뒀다. 미국을 따라잡기 위한 비용을 대지 못해 소련이 무너지고 말았다. 소련은 1989년 민중 저항에 직면해 동유럽에 대한 지배력을 포기했고 1991년에는 자체 붕괴하고 말았다. 미국은 냉전에서 이기고, 경제는 활력을 되찾은 듯했다.

---

* 미국의 중앙은행.

1980년대 레이건 정부에서 중간 관료직을 차지하고 있던 신보수주의 이데올로그들은 적어도 그렇게 생각했다. 그들은 미국이 무력, 필요하다면 핵무기를 사용해서라도 목표를 달성할 태세가 지금보다 훨씬 더 잘 돼 있어야 한다고 생각했다. 닉슨의 실수는 베트남 전쟁 때 그렇게 하지 못한 것이었다. 그들은 새로운 제국주의를 추진할 수 있었다. 특히, 의회의 결정을 무시한 채 중앙아메리카에서 콘트라 반군과 암살단들을 조직하는 데 개입하고 이를 위한 자금을 무기와 마약 밀수로 조달했다. 그러나 그들의 시대는 아직 오지 않았다.

레이건 정부가 호전적이긴 했지만, 미군이 전투에 직접 참여한 경우는 거의 없었다. 미군은 1983년 카리브해의 작은 섬 그레나다에 투입됐고, 1986년 레바논에서 성공하지 못했고(두 차례 폭탄 공격 뒤에 철수했다), 1989년 부시 집권 당시 파나마에서 옛 CIA 하수인인 노리에가 정부를 전복했다. 그러나 베트남전의 기억 때문에 더 광범한 투입은 자제됐다. 미국 지배계급은 미국을 위한 더러운 일 처리를 남에게 맡겼다. 라틴아메리카의 토착 지배계급들, 인도네시아의 독재자 수하르토, 남아프리카공화국의 백인 정권과 아프리카의 독재자 모부투, 중동의 이스라엘과 사우디아라비아가 그들이다. 그런 방식은 독재자 사담 후세인을 지원해 이란에 맞서 싸우게 만드는 것을 뜻했고, 유럽에서는 영국뿐 아니라 프랑스나 독일과도 협력을 강조하며 미국의 헤게모니 아

래 유럽을 안정시키는 한 방편으로 유럽연합을 이해했다.[28]

더욱이 동구권 몰락 전에도 공격적 전략을 멀리하려는 경향이 있었다. 1987년 새로운 소련 지도자 고르바초프와 레이건의 유명한 "숲 속 산책"은 새로운 군비 축소 제안으로 이어져, 유럽에서 미사일이 제거되고 실질 금액과 국내총생산 비율 둘 다에서 군비 지출이 일시적으로 축소됐다. 그 경향은 부시 1세 정부(1989~1992년)와 클린턴 정부 1기(1993~1996년) 시절에 더 뚜렷해졌다.

두 전략의 실패

이것은 우연한 방향 전환이 아니었다. 제2차 냉전이라는 방식은 미국 자본주의의 관점에서 볼 때 한 가지 중요한 흠이 있었다. 그것은 소련 붕괴와 제3세계의 위협 제거를 겨냥한 것이었다. 그러나 그렇게 하는 것이 세계 자본주의의 가장 중요한 부분 — 엄청나게 많은 잉여가치를 창출하는 유럽 · 일본 · 북미라는 '세 기둥' — 의 문제들을 처리하는 데는 별로 효과가 없었다.

'군사적 케인스주의' 덕분에 미국 경제는 성장을 이뤘지만, 미국 시장에서 이득을 본 다른 자본주의 열강들만큼 급속한 성장은 아니었다. 1992년에도 미국 의회의 한 위원회는 십수 년 내에 일본이 미국을 경제적으로 추월할지도 모른다고 우려했다. 미국 외교정책의 성공이 무엇이든 간에, 미국 국내 경제는 '쌍둥이 적자' ― 정부 재정적자와 국제수지 적자 ― 에 대처하기 위해 점점 더 해외 차입에 의존하고 있었다. 조지 부시 1세는 재정적자를 해결하기 위해 "제 말을 똑똑히 들으세요. 새로운 세금은 없습니다"고 했던 대통령 선거 공약을 깨야만 했다. 그리고 이것은 그가 1992년 대통령 선거에서 빌 클린턴에게 패배한 이유 중 하나였다. 재정적자에 대한 클린턴의 더 진지한 해법 중 하나는 무기로 들어가는 국가 자원의 비율을 낮추는 것이었다.

그와 동시에, 1989년 동구권 붕괴와 1991년 소련 해체가 만들어 낸 세계적 세력균형 변화와 새로운 불안정 지역이 항상 자동으로 미국에 이로운 것만은 아니었다. 당시 유럽의 주요 논평가들은 서독이 커다란 수혜자가 될 것이라고 생각했다. 이미 유럽 대륙의 제조업을 지배하고 있는 터에 동독을 흡수하게 되면 서독은 경제적으로 확대되고 더 커다란 전략적 영향력을 획득할 것으로 예상됐다. 한편, 유라시아 대륙의 반대편 끝에서는 거의 10퍼센트에 가까운 연간 경제성장률을 기록한 중국이 북쪽의 경쟁자'가 크게 약해진 것에서 이득을 얻고 국제적으로 더 적극적인 구실을 할 수 있는 자유를 누리게 됐다.

이런 상황에서 미국 정부는 동맹국 · 경쟁국과의 타협에 기초를 둔 정책들을 추구했다. 1991년 사담 후세인을 상대로 한 걸프

전에서 다국적 동맹을 결성했고, 후세인이 중동에서 이란의 영향력과 불안정에 대항하는 보루로서 이라크를 계속 통치하도록 보장했고, 독일 통일의 장애물을 치워 서유럽에서 나토의 역할을 강조했고, 이스라엘에 압력을 가해 팔레스타인에 상징적 양보를 하도록 만들었고, 그 뒤 CIA를 이용해 팔레스타인 보안군을 훈련시켰고, 유엔의 후원 아래 소말리아에 개입했고(나중에 재앙으로 끝났지만), 러시아의 옐친 정부를 도덕적 · 재정적으로 지원했다.

그 정책은 분명히 평화적인 것은 아니었다. 실질 금액으로 군비 지출이 축소되긴 했지만 그렇다고 해서 나머지 세계와 비교한 군사력에 손실이 있었던 것은 아니다. 1990년대 말 미국의 군비 지출은 세계 전체의 30퍼센트에서 35퍼센트로 증가했다. 신무기, 심지어 더 치명적인 무기 체계에 대한 관심이 줄어든 것도 아니었다. 군비 지출의 '자본집약도'는 1990년대 초에 잠시 하락했다가 1990년대 중반 이후 계속 상승했다. 그리고 군사 개입도 1980년대보다 1990년대에 더 많아졌다. 1991년 걸프전, 1993년 소말리아에서의 군사적 모험, 1995년 미국의 보스니아 계획을 강요하기 위한 세르비아 폭격, 콜롬비아 정부에 대한 군사원조 지속, 그리고 1999년 세르비아를 상대로 한 전면전이 있었다.

또, 유럽 열강들이나 러시아와 연합을 결성하던 것도 바뀌기 시작해, 부분적으로 그들에 대항하는 것으로 해석될 수 있는 정책으로 전환됐다. 브레진스키의 제자였던 매들린 올브라이트가 클린턴 2기 정부의 외교정책을 담당하게 되자 특히 그랬다. 미국은 동유럽 국가들을 흡수하기 위해 나토 확장을 추진했고, 그루지야나 아제르바이잔 같은 옛 소련 소속 공화국들을 미국의 궤도 안으로 끌어들이는 선수를 쳤고, 옛 유고슬라비아에서 훨씬 더 적극적인 구실을 했다. 이런 움직임은 러시아의 영향력을 잠식하는 것으로 해석될 수 있었지만, 유럽 열강들을 억제하고 유라시아 대륙의 반대편 끝에서 중국의 영향력에 대항하려는 것으로도 해석될 수 있었다. 브레진스키 자신이 이렇게 말했다. "중부 유럽의 세 나라를 나토로 흡수하는 것은 '실례失禮'의 말로 생각되는 문제, 즉 독일의 '지나친 파워'라는 문제를 해결했다."[29]

그러나 이런 움직임이 있었다는 사실 자체가 탈냉전기에 미국의 지배력이 그 전 50년 동안과 마찬가지로 계속될 수 있는지에 대한 불안 증대를 보여 주는 것이었다. 베트남 전쟁 이후 미국 제국주의를 이끌어 온 자들은 어려움을 인정하면서도 미국이 과거 힘의 일부 손실을 받아들이는 수밖에 달리 선택의 여지가 없다고 생각했다. 키신저는 이 점을 아주 퉁명스런 말투로 이렇게 말했다.

> 탈냉전의 세계에서 미국은 여전히 세계 모든 곳에 개입할 능력이 있는 유일 초강대국이다. 그러나 힘은 더 분산됐고 군사력 사용이 타당한 쟁점들은 줄어들었다. …… 냉전 종식으로 일부 관찰

자들이 '단극적' 세계라거나 '유일 초강대국' 세계라고 부른 상황이 조성됐다. 그러나 실제로는 미국은 냉전 초기와 달리 세계적 의제를 일방으로 결정할 수 있는 처지에 있지 않다. …… 미국은 냉전기에 결코 경험하지 못했던 종류의 경제적 경쟁에 직면할 것이다.[30]

키신저는 미국이 유라시아 대륙의 '세력균형' 유지를 겨냥한 외교를 통해 그 목적들을 달성할 수 있다고 주장했다. "유럽이나 아시아에 대한 유일 강대국의 지배라는 말은 여전히 …… 미국에 대한 전략적 위협을 명료하게 정의하는 표현이다. 그런 집단은 미국을 경제적으로, 그리고 결국은 군사적으로 능가할 능력을 갖게 될 것이다. …… 설사 그 지배 권력이 외관상 우호적일지라도 그런 위험에 저항해야 할 것이다."[31] "앞으로 몇 년 사이에 유럽은 미국의 보호가 필요하다고 느끼지 않게 될 것이고 유럽의 경제적 이익을 훨씬 더 공격적으로 추구할 것"이므로 문제들이 발생할 것이다.[32] 마지막으로 그는 이렇게 지적했다. "중국이 초강대국 대열로 올라서고 있다. 1980년대보다 낮은 것이긴 하지만 8퍼센트의 성장률을 계속 유지한다면 2010년대 말쯤 중국의 국민총생산은 미국의 국민총생산을 따라잡을 것이다. 머지않아 중국의 그림자가 아시아 전역에 드리울 것이다."[33]

사실 키신저가 묘사하고 있는 것은 서로 경쟁하는 제국주의들의 세계로, 그 특징은 서로 교차하는 경제적 · 군사적 경쟁이어서 냉전기의 특징이었던 옛 '양극' 모델보다 다루기가 훨씬 더 어렵다는 것이다.

브레진스키가 보기에도 문제는 비슷했다. 비록 그 결론들이 항상 동일한 것은 아니었지만 말이다. 미국, 유럽, 중국으로 이뤄진 "지정학적 전략상의 세 기둥"이 있다. 미국의 영향력을 유지하려면 다른 두 열강들과 협력해야 하지만, 그들을 계속 제어하기도 해야 한다. "중국은 이미 주요 지역 강국이다. 비록 세계 패권이나 극동 지역에 대한 지배권을 놓고 미국과 다툴 만큼 충분히 강력하지는 않지만 말이다. …… 극동에서의 지역적 충돌이 중국에게는 핵심적 이해관계가 걸려 있지만 미국에게는 하찮은 이해관계만 걸려 있는 경우, 중국은 미국이 받아들이기 어려운 비용을 미국에 부담시킬 능력이 있다."[34]

브레진스키는 이제 유럽연합의 인구가 미국보다 3분의 1 더 많고 국내총생산은 사실상 같은 수준이라고 지적했다. 유럽연합은 또 유라시아 대륙에서 러시아나 중국과 관련해 중요한 전략적 지위를 차지하고 있다. 곧,

> 대서양 양안兩岸의 동맹은 미국의 가장 중요한 국제 관계다. 그것은 미국의 세계 개입을 위한 발판으로, 미국이 유라시아 — 세계적 권력의 중심지 — 에서 결정적 중재자 구실을 할 수 있게 해

준다. …… 장기적으로 …… 유럽이 정말로 정치적으로 통일된다면 세계의 권력 분포는 근본적으로 바뀔 것이고 소련 제국의 붕괴와 마찬가지로 광범한 결과를 빚을 것이다. …… 그런 유럽은 미국의 세계적 지위와 유라시아 세력균형에 엄청난 영향을 미치고 …… 불가피하게 대서양 양안에 심각한 긴장을 조성할 것이다.[35]

이런 판단에 따르면, 유럽연합과 러시아와 중국을 잇는 영토[유라시아 대륙]에 대해 미국이 갖는 이해관계는 옛 소련 소속 공화국들로 나토가 동진東進하고 확대하는 것을 통해 추구할 수 있다. 그러나 브레진스키는 조심스럽게 미국의 입장에서 봤을 때 긍정적인 양상들을 강조했다. 통일 유럽이 출현하려면 한참 멀었다. 구성 국가들의 이해관계가 서로 충돌하거니와, 일부 구성 국가들의 이해관계가 미국과 밀접히 결부돼 있기 때문이라는 것이다. "현재 유럽은 …… 사실상 미국의 군사적 보호령이다. …… 가까운 미래에 유럽이 미국과 군사적 격차를 메울 것 같지는 않다."[36]

이런 분석들에서 브레진스키가 끌어낸 결론은, 미국의 외교정책이 더 적극적이어야 하고 다른 열강들에게 진로를 주장하되 그들과의 관계를 단절하지는 말아야 한다는 것이었다. 이것은 매들린 올브라이트*가 외교정책을 맡고 있던 시절의[2기] 클린턴 정부

* 대학생 시절 브레진스키의 제자였다.

가 점차 추구한 태도였다. 그런 태도의 전형은 옛 유고슬라비아에 대한 정책이었다. 통일 뒤 자신감을 얻어 독자적 외교정책을 추구하던 독일은 미국과 영국이 여전히 유고슬라비아 연방을 유지하려 애쓰던 때 크로아티아의 독립을 승인함으로써 유고 연방을 해체하는 결정적 조처를 취했다. 그러나 당시 유럽 열강들은 자기네 뒷마당의 상황조차 진정시킬 수 없었다. 그 지역의 질서를 어느 정도 회복하기 위해서는 미국 군대의 두 가지 조처 — 1995년의 세르비아 폭격과 데이튼 협정, 그리고 1999년의 대對세르비아 전쟁 — 가 필요했다. 미국 정부가 예상했듯이, 유럽 열강들은 집안 단속을 하는 데도 미국의 군사력이 필요하다는 점이 결국 입증됐다.

그렇다고 해서 유럽인들이 무역 · 투자 · 지적재산권 등 모든 협상 영역에서 미국에 굴복한 것은 결코 아니었다. 미국은 아직도 경제적 측면에서 그 군사력을 이용할 수 있는 길을 찾지 못하고 있었다. 미국 지배계급의 일부는 미국의 정책들이 지향하는 바에 대해 계속 불안해하고 있었다.

존 J 햄리가 브레진스키의 한 저서에 붙인 서문에서 썼듯이,

> 미국이 '초강대국'으로서 세계를 어떻게 운영할 것인지에 대한 국민적 합의가 이렇게 아리송한 적은 없었다. …… 광범한 합의가 없다 보니 특수 이익집단들이 정책 결정 과정에 자신들의 견

해를 반영하려고 덤벼들고 있고 …… 전 세계의 발전에 대한 분석은 점차 파편화하고 있다. …… 포괄적 이론도 나타나지 않고, 정치적 합의를 끌어낼 수 있는 총체적 전략도 없다.[37]

15년 전 1기 레이건 정부에서 일했던 신보수주의자들이 나설 수 있는 토양이 마련됐다.[38]

새로운 미국의 세기 프로젝트

신보수주의 집단은 포괄적 이론을 갖고 있었고, '새로운 미국의 세기를 위한 프로젝트'나 헤리티지 재단 같은 싱크탱크들, 그들의 신문인 〈위클리 스탠더드〉, 주요 이데올로그인 윌리엄 크리스톨이나 리처드 펄의 수많은 강연이나 논설 등을 통해 미국의 정치·경제·군사 권력자들의 핵심 부분을 설득해 조직하기 시작했다. 그들의 출발점은 부시 1세와 클린턴 정부 시절 추구한 정책이 "누더기가 됐고" "완전히 실패"했으며, "미국 권력의 쇠퇴"를 막을 수 있는 길은 국방비 대폭 증액, 미사일 방어 체제MD 구축, 중국·세르비아·이라크·이란·북한 '독재 정권'들의 '위협'에 대처하기 위한 조치들인 '레이건식' 정책으로 돌아가는 것뿐이라는 주장이었다.[39] "냉전에서 서방을 승리로 이끈 미국은 기회와

도전에 직면해 있다. 우리는 기회를 놓치고 도전에 실패할 위험에 처해 있다."[40] 이런 내용의 성명서에 서명한 자들 가운데는 도널드 럼스펠드, 폴 월포위츠, 엘리엇 에이브럼스, 젭 부시, 딕 체니, 도널드 케이건, 잘메이 칼릴자드, 댄 퀘일이 포함돼 있다. 1998년에 나온 다른 성명서는 특히 이라크에 대한 행동을 취할 전략적 필요성을 강조했는데, 그 이유는 그러지 않으면 "중동과 중동의 석유를 지배하기 위해 골몰하고 있는 이라크 정부의 협박에 중동과 유럽의 우리 우방과 동맹국들이 머지않아 굴복할 것이기 때문이다."[41]

이런 성명서들에 서명한 자들이 미국 정부의 주요 직책들을 차지하고 있을 때, 미국 대법원은 2000년 대통령 선거에서 조지 W 부시의 손을 들어 주었다. 경기 호황이 불황으로 바뀌고 2001년 9월 11일 이후 '테러리즘'에 대한 두려움이 미국을 휩쓸게 되자, 정부와 의회 내에서 그들의 의제에 반대하는 세력은 거의 찾아볼 수 없었다. 그들은 실질 금액과 국내총생산 대비對比 비중 둘 다에서 군비 지출의 대폭 증액을 통해 스타워즈◆ 후속 프로그램을 전속력으로 추진할 수 있었고, 아프가니스탄 전쟁을 감행할 수 있었다. 부유층에 대한 대규모 세금 감면도 추진하면서 말이다. 심지어 부시 정부 내에서는 9 · 11 뒤 곧바로 이라크를 공격

◆ 1983년 레이건 정부가 우주와 지상에서 소련의 대륙간탄도탄이나 핵미사일을 격추시킨다는 계획 아래 추진했던 전략방위구상SDI의 별칭.

하자는 논의까지 있었지만, 비용이 덜 들고 손쉬운 표적부터 먼저 공격하는 게 전술적으로 더 낫다는 결정이 내려졌다. 그래야 미국의 힘이 어느 정도인지 보여 줄 것이고, 미국 내 여론을 전쟁에 유리한 쪽으로 몰아갈 것이고, 중앙아시아에서 미국의 전략적 영향력을 높일 것이다.

이런 행동들은 미국의 정책이 매우 급격하게 변했음을 보여 줬다. 클린턴 집권 후반기와 약간 연속성이 있긴 했지만,[42] 9·11 이후 양은 질로 전환했다. 신보수주의자들에 반대한 사람들의 일부는 당시 사태 전개를 '정신 나간' 정책들을 추구하는 '음모 집단'의 사실상 쿠데타라고 생각했다. 그러나 그들의 장황한 미사여구와 공격적인 전쟁들은 세계 자본주의 가운데 미국에 기반을 둔 부분의 열렬한 지지자들이 실제의 문제들을 해결하려는 시도들이었다. 1890년대에 아프리카 분할의 선두에 섰던 세실 로즈 같은 자들의 식민주의적 몽상과 인종차별적 언사言辭가 자기네 자본가계급의 필요를 표현한 것과 꼭 마찬가지로 말이다.

새로운 제국주의와 오늘날의 미국 경제

미국 경제가 직면한 문제의 심각성이 분명해진 것은 신보수주의자들이 백악관에 자리를 잡고 있던 바로 그때였다. 미국 경제는

1990년대 초의 불황에서 회복돼 1990년대 말까지 약 40퍼센트 성장했으며, 1997년 아시아에서 시작돼 러시아와 라틴아메리카를 휩쓴 불황의 영향을 거의 받지 않았다. 1999년 대다수 주류 경제학자들은 호황과 불황의 순환이 끝났음을 뜻하는 '신경제 패러다임'에 대해 얘기하면서, 사실상 상시적 불황 상태였던 일본 경제나 느리게 성장하고 있었던 독일 경제를 미국 경제와 대비시켰다.

그러나 9 · 11 몇 달 전에 거품이 갑자기 꺼졌고 미국 기업들은 자신들의 이윤이 최대 50퍼센트까지 과장돼 있었음을 깨달았다. 핵심 문제는 세계의 나머지 지역에 대한 의존 증대였다. 국제수지 적자는 사라지지 않았다. 일부 주요 산업들(특히 컴퓨터와 소프트웨어 산업)에서 진보를 이루긴 했지만, 미국이 전에 누렸던 압도적 경쟁력 우위를 회복해 주지는 못했다. 종업원 1인당 자본 지출◆과 노동시간당 생산성은 실제로 프랑스나 독일보다 낮았다. 노동자 1인당 생산성만 여전히 더 높았는데, 그 이유는 노동시간이 25퍼센트 이상 더 길었기 때문이다. 미국 국내 경제는 해외에서 유입되는 자금에 의존했는데, 1999년에 이 금액은 연간 약 3000억 달러에 이르렀다. 총 누적액은 2조 5000억 달러나 됐다.

2001년에 마침내 불황이 찾아오고 주가가 조금씩 하락하기

◆ 고정자산에 관한 지출 중에서 고정자산의 가치를 증가시키고 또 가용연수可用年數를 증가시키는 지출

시작해 과거 수준의 거의 절반까지 떨어졌을 때도 미국으로 해외 자금 유입은 계속되고 있었다. 낮았는데도, 이윤이 9·11과 아프가니스탄·이라크 전쟁이 결합된 국제적 불안정의 시기에 미국은 다른 어느 곳보다 더 안전한 투자처처럼 보였다.[43] 그러나 미국 경제를 절망적인 궁지로 몰아넣을지도 모르는 급격한 반전反轉의 위험은 상존하고 있었다. 25년 동안 점차 증가한 금융·투자·무역·생산의 국제적 이동 때문에 미국 자본주의는 미국 국경 밖에서 일어나는 사건들에 취약해졌다. 미국의 거대 다국적기업들에게 필요한 정책은 미국 국가의 권력이 그런 사건들을 다루는 것이었다. 신보수주의 '음모 집단'의 새로운 제국주의는 그것을 제공하려 했다.

그 정책을 추진하는 데는 한 가지 중요한 점이 있었다. 2002년 미국의 군비 지출 3960억 달러는 유럽·일본·러시아를 합친 것보다 더 많았다. 그러나 약 5000억 달러나 되는 연간 해외 유입 자금보다는 꽤 적었다. 〈파이낸셜 타임스〉의 마틴 울프가 썼듯이, "미국의 경상수지 적자는 국방비보다 50퍼센트 더 많다. …… 나머지 세계가 미국 권력의 사용 대가를 간접으로 지급하고 있는 셈이다."[44]

미국으로 유입되는 자금의 가장 큰 원천은 아시아로, 약 40퍼센트를 차지한다(그중 절반은 일본에서 유입된다). 그 다음은 5분의 1 이상을 차지하는 유럽이다(그중 절반 미만이 유로권에서 유입

된다).[45] 자신들은 잘 의식하지 못하고 있지만, 일본의 투자가들과, 정도는 좀 덜 하지만 유럽의 투자가들도 사실상 미국이 세계적인 군사력의 우위를 유지할 수 있도록 돈을 빌려 주고 있는 것이다. 이런 우위는 이 불안한 시대에 동아시아와 다른 곳의 투자가들에게 미국이 '안전한' 투자처로 보이게 만들고, 그들이 자국 정부로 하여금 거액의 달러(또는 달러 표시 채권)를 보유하도록 부추기고, 그래서 미국 기업들과 소비자들이 나머지 세계로부터 더 많이 제품을 구입할 수 있는 수단을 제공하는 한 요인이었다. 그것은 미국 자본주의가 어쨌든 당분간 버틸 수 있게 해 주는 선순환이었다.

신보수주의자들의 정책은 그 순환을 훨씬 더 이롭게 만들고자 군사적 차원을 강화하는 것이었다. 군비 증강과 부유층 세금 감면은 미국을 불황에서 끌어내기 위한 것이었다. 20년 전 레이건의 '군사적 케인스주의'가 그랬듯이 말이다. 그리고 군사력 증강은 미국 기업들에 이로운 정책들을 나머지 세계가 수용하게 만들 것이다. 즉, 소프트웨어와 제약 회사들에게 아주 중요한 특허와 '지적재산권'에 관한 미국의 법규, 미국의 이익에 적합한 국제 유가 조정, 국제 무기 거래에 대한 미국 기업들의 지배력 지속, 미국 제품에 대한 해외 시장 개방 등을 수용하게 만들 것이다. 그래서 미국 우주사령부 문서 "비전 2020"은 미국의 군사적 노력을 "몇 세기 전 각국이 자신들의 상업을 보호·증진하기 위해 해군

을 건설한 방식"에 비유했다.[46]

무역 이익이라는 것만으로는 미국 지배계급 전체에게 군비 증강을 설득하지 못할 것이다. 지배계급의 소수파는 설득할지 몰라도 말이다. 1991년 미국 기업들의 총 해외 소득은 겨우 2810억 달러로, 군사 예산보다 약 1000억 원 더 적은 규모였다. 여기에다 9000억 달러 수출에서 얻는 이윤을 더한다 하더라도 그 총액이 거의 4000억 달러에 이르는 군비 지출을 정당화할 수는 없었을 뿐 아니라 향후 몇 년 동안 상당히 더 늘어날 금액은 말할 것도 없었다. 그러나 군비 지출 증대로 경기가 회복되고, 군수軍需 경기 덕분에 컴퓨터 · 소프트웨어 · 항공 산업의 기술 진보를 위한 재원財源이 마련된다면, 그리고 다른 지배계급들에게 미국의 정책을 강요하는 능력을 키울 수 있다면, 그 수치는 의미가 있을 것이다. 게다가 그 압도적 힘을 과시해, 이 모든 것의 대가를 미국으로 유입되는 훨씬 더 거액의 투자 자금으로 충당할 수 있다면 말이다. 그 전략은 다른 열강들이 갖고 있지 못한 미국의 한 가지 강점인 군사력을 이용하면 시장 경쟁에서 잃고 있는 과거의 주도권을 보상하고도 남는다는 것이다.

이라크 전쟁은 미국 군사력의 진정한 수준을 과시함과 동시에 세계에서 가장 중요한 원료에 대한 지배력을 강화할 수 있는 기회를 제공한다는 점에서 이런 전략에 딱 들어맞았다. A J 첸이 지적했듯이,

석유에 걸린 이해관계는 …… 다면적인 것이지, 단지 석유 기업들의 이윤을 극대화하는 것만은 아니다. 미국의 지배력을 극대화하는 것이 더 중요한 문제인데, 왜냐하면 비非석유산업의 이윤과 지정학적 이점을 포함해 다양한 이득이 있기 때문이다. …… 미국의 우선 관심사가 유가를 낮게 유지하는 것이라고 오해해서는 안 된다. 가끔 우리는 고유가를 원하기도 한다. 1970년대 초에 닉슨 정부는 고유가를 선호했다. …… 그 이유는 미국보다 수입 에너지 의존도가 높은 일본과 유럽이 고유가로 더 큰 고통을 당할 것이라고 봤기 때문이다. …… 1986년에 레이건 정부도 더 높은 원유가를 지지했다. …… 문제는 가격이 아니라 지배력이다. 사우디아라비아의 독재 정권은 우리가 원하는 것을 원하지만, 이라크의 독재 정권은 그렇지 않다. 그것이 바로 문제다.[47]

역대 미국 정부의 중동 정책에 대해 자문하고 분석해 온 펜실베이니아 대학교의 이언 S 러스틱도 엇비슷한 주장을 했다.

신보수주의 전사들이라는 이 음모 집단은 …… 중동 민주화라는 구실과 공상으로 …… 석유 자산을 지배하고, 중동 한복판에 대규모 반半영구적 군사기지를 건설하고, 요르단 강 서안 지방과 가자지구에서 철수하라는 이스라엘에 대한 압력을 모두 제거할 수 있는 새로운 질서를 중동에 강요할 미국의 군사력에 완전히 몰두하고 있다. …… 이런 공상, 이런 구상을 실현하기 위해서는 …… 사담 후세인을 타도하고 이라크를 지배하기 위한 전쟁과, 이라크가 표상하는 유전 지대와 지정학적 자산들이 …… 필요했다. 이라크를 재건하는 것은 …… 탈냉전 세계에서 미국의 …… 압도적 힘을 …… 상징하는 것이고 대규모 일방주의의 가능성과 보상을 논박의 여지 없이 보여 주는 것이다.[48]

따라서 전쟁은 여러 해 동안 상대적으로 쇠퇴한 경제력을 군사력 사용으로 보상한다는 더 넓은 전략의 일부였다. 그 목적은 미국의 세계 패권을 강화해 다른 나라들이 IMF, 세계은행, WTO 무역 협상에서 미국의 정책들을 받아들이게 만드는 것이었다. 그리고 그럼으로써, 적어도 부분적으로는, 미국의 군비 수준이 초래한 적자를 나머지 세계 지배계급들이 메우게 하려는 것이다.

그러나 문제를 이렇게 제기하면 그것이 또한 정말로 도박이었던 이유를 부각하는 셈이다.

다른 분야에서 헤게모니를 확립하기 위해 군사력 증강에 의존한다는 논리는 남들에게 없는 나만의 강점인 군사력이 중요하게 되는 상황을 만들어 낼 것이다. 그것은 '끝없는 전쟁' 시나리오인데, '테러'와 '불량국가'들에 맞선 투쟁 얘기로 정당화된다. 그러나 그 때문에 미국은 자신의 패권에 대한 도전 일체에 응해야 하는 문제에 직면하게 된다. 그렇게 하는 것이 전술적으로 어리석기 짝이 없는 짓일지라도 그러지 않으면 전 세계에 미국의 약점이 드러날까 봐 두려워 결국은 그렇게 해야 하는 것이다. 아프가니스탄 전쟁의 논리가 이라크 전쟁을 강요했던 것과 꼭 마찬가지로 이라크에서 거둔 군사적 성공의 논리 때문에 오늘은 이란·시리아·북한을 위협하고 내일은 아마 베네수엘라와 쿠바를 위협할 것이며, 미국의 요구에 굴복하지 않는다면 마침내 중국도 위협하게 될 것이다.

그러나 도박은 핵심 문제, 즉 미국으로 유입되는 해외 자금에 의존하는 것에서 비롯하는 대규모 불안정의 가능성을 없앨 수 없다. 외국 투자자들이 미국에서 자금을 철수하기 시작하고, 이로 인한 달러 가치 하락 때문에 다른 투자자들이 외관상 더 안전한 투자처로 자금을 이동하게 되는 악순환이 이어지는 시나리오를 상상하기는 어렵지 않다. 자본주의를 열렬하게 옹호하는 마틴 울프가 정확하게 지적했듯이, "군사적 문제들에서 미국은 일방주의적일 수 있다. 그러나 경제의 세계는 본질적으로 다자주의적이다. 세계 유일 초강대국을 운영하는 사람들은 이 괴로운 사실을 잘 기억하는 게 좋을 것이다."[49] 한편, 미국이 이라크를 정복했다는 이유만으로 유럽이나 일본이나 중국이 IMF나 WTO에서 미국에 굴복할 것인지는 결코 확실치 않다.

'음모 집단'은 그들에 앞서 미국의 정책을 이끌었던 자들과 꼭 마찬가지로, 국경을 넘은 미국 자본의 세계 지배 필요성과, 군사적 수단만으로 그렇게 하는 것의 어려움 사이에 끼어 오도 가도 못 하고 있다.

경쟁하는 제국주의들

키신저와 브레진스키가 제시했든 아니면 '새로운 미국의 세기 프로젝트'가 제시했든 간에 미국의 정책은 여러 나라에 기반을 둔 자본들 사이의 다양하고 흔히 상충하는 이해관계를 인정하는 것에 오랫동안 의존해 왔다. 자본들이 국제적으로 활동하고 자국 국경 밖의 사태를 통제하려 하면 할수록 그런 다양성과 충돌도 더 중요해졌다. 이 점을 깨닫지 못했기 때문에 90년 전에 칼 카우츠키는 초제국주의론을 주창했다. 오늘날 자유무역과 신자유주의가 충돌을 배제한다고 주장하는 사람들의 특징도 바로 이것이다. 그리고 복수複數의 제국주의들이 아니라 단일한 '제국'을 말하는 사람들[네그리와 하트]도 마찬가지다.

경제 호황기에 흐려질 수 있었던 이해관계 충돌은 위기의 시기에 날카로운 형태로 갑자기 다시 나타난다. 시장이 느리게 성장하고 이윤율이 전 세계적으로 하락하고 있을 때, 어느 한 나라에 기반을 둔 다국적기업 무리가 국가를 이용해 자신들의 이익을 보호하려 하면 다른 다국적기업 무리도 똑같이 하려 들기 때문에 국제적으로 서로 충돌하게 된다.

일국적 기반을 가진 자본들의 상호 침투는 고전적 제국주의론자들이 묘사한 시기보다 훨씬 더 높은 수준에 도달했다. 2000년 세계투자보고서에 따르면, 전 세계 해외직접투자는 "2000년에 1조 3000억 달러를 기록"했다. "세계적 확장을 주도한 것은 해외에 80만 개 이상의 계열사들을 거느린 6만 개 이상의 다국적기업들이다. …… 상위 30퍼센트의 투자 유치국이 세계 전체 해외직접투자 흐름의 95퍼센트와 주식의 90퍼센트를 차지하고 있다."[50] 1990년대 중반에는 일부 논평가들이 주요 경제들이 여전히 1914년 이전보다 덜 국제화돼 있다고 지적할 수 있었다. 이제 더는 그렇지 않다. 오늘날 해외직접투자는 세계 국내총생산의 15.9퍼센트와 맞먹지만 1913년에는 9퍼센트였으며, 오늘날 수출은 세계 국내총생산의 22퍼센트이지만 [1913년에는] 8.7퍼센트였다.[51]

그러나 재화와 자본의 국가 간 이동은 전 세계에서 균등하지 않다. 그것은 주로 비교적 소수의 분명한 통로들을 타고 이동한다(121쪽 그림 1 참조).

유럽

• 유럽에서 북아메리카로 대규모 자본 이동과 미국에서 유럽으로 소규모 이동.

• 유럽 각국 간 주요 자본 이동이 미국으로의 이동보다 더 중요하다. 단, 영국은 예외.

• 브라질과 다른 라틴아메리카 지역에 대한 유럽 자본의 상당한 투자.

• 동유럽으로 서유럽 자본의 상당한 유입. 비록 세계 자본 흐름의 겨우 2퍼센트일 뿐이지만.

• 라틴아메리카에 대한 유럽의 상당한 수출. 이는 남부 메르코수르◆ 지역에 대한 미국의 수출보다 약간 더 많지만, 미국의 대對멕시코 수출의 4분의 1밖에 안 된다.

일본

• 일본에서 미국으로 대규모 자본 이동과 유럽으로 소규모 자본 이동.

• 일본에서 동아시아와 동남아시아로 대규모 자본 이동.

• 일본에서 홍콩과 중국으로 가는 자본 흐름 점차 증가.

• 동아시아와 동남아시아로부터 수입 증가.

미국

• 유럽에 대한 미국의 대규모 자본 투자(미국의 누적 해외투자

◆ 1월 브라질, 아르헨티나, 우루과이, 파라과이 4개국이 출범시킨 남미공동시장.

총액의 약 절반).

• 미국에서 유럽으로 중간 규모 자본 흐름 지속.

• 중국 연안으로 미국 자본 흐름 증가.

• 중국의 대미 수출 증가로 거액의 대중국 무역 적자.

• 멕시코, 캐나다로 미국 자본 흐름 증가와 그 반대 흐름도 증가.

• 남아메리카에 대한 미국의 상당 규모 누적 자본 투자.

• 미국은 캐나다와 라틴아메리카(특히 멕시코)에 대한 수출이 중요한데, 전체 수출의 약 4분의 1을 차지하기 때문이다.

이런 그림에 다음과 같은 사실을 덧붙여야 한다.

• 미국은 석유 수요의 약 절반을 수입에 의존. 석유 수입의 약 3분의 2는 멕시코 · 캐나다 · 베네수엘라에서, 3분의 1은 중동에서 수입.

• 유럽과 일본은 석유를 압도적으로 중동에 의존.

이런 사실들은 금융 세계화 경향뿐 아니라 세계의 3대 선진 지역 — 북아메리카 · 유럽 · 일본이라는 이른바 '세 기둥' — 으로 산업 생산 단지가 집중되는 경향도 보여 준다. 이들 각각에 기반을 둔 자본들은 세계의 어떤 다른 지역들에 이해관계를 집중하는 경향이 있다. 이 때문에 거대 열강들은 서로 다른 — 그리고 흔히 상충하는 — 국제적 전략을 추구한다.

서유럽 : 유럽연합은 서로 다른 일국적 자본주의들의 상호 침투를 단일한 통합으로 전환하고 하나의 유럽 자본가계급과 그들의 세계적 이익을 보호해 줄 시초始初 국가를 창출하려는 시도다. 그것은 오랜 일국적 자본가계급들, 특히 프랑스와 독일의 상이한 이해관계를 조화시키려는 것이다.

독일 자본주의의 주요 관심사는 독일의 강력한 제조업 이익이다. 국경 밖으로 뻗어 나간 독일 제조업은 주로 유럽 대륙의 다른 지역에 집중됐다. 이어서 기존 투자와 시장에 가까울 뿐 아니라 비교적 값싸고 충분히 숙련된 노동인구가 있는 현대적 산업 입지인 동유럽으로 진출했다. 프랑스 자본주의의 관심사는 더 광범하다. 정치적으로 중요한 농업 부문, 북아프리카와 서아프리카의 옛 식민지 관련 이해관계, 중동(이란과 적어도 최근까지 이라크)의 석유 사업 계약, 라틴아메리카에 대한 서비스 부문 투자 증가 등이 그것이다. 독일은 동쪽으로 진출하는 발전 양상을 보인 반면, 프랑스는 대서양에서 아라비아 해에 이르는 지역으로 진출해야 했다. 두 지역 모두 미국이 지정학적 전략상 중요하게 여기는 곳이다. 그리고 프랑스-독일 축이 유럽 자본주의를 더 크게 단결시키는 데 성공한다면 세계 금융 시스템을 지배하는 미국에 잠재적 도전이 될 것이다. 예컨대, 유로가 달러와 동등한 국제 준비통화*가 될 것이다.

이렇게 상충하는 이해관계는 다른 곳에서도 드러난다. 세계 패권을 강화하려는 미국의 전략 중 하나가 미주자유무역지대(FTAA 또는 ALCA)를 통해 라틴아메리카에 더 깊숙이 침투하려는 것이다. 그러나 라틴아메리카가 미국의 수출 시장으로는 세계에서 가장 중요한 지역이긴 하지만, 메르코수르 나라들(브라질, 아르헨티나, 파라과이, 우루과이)에 대해 유럽연합 문서는 이렇게 말하고 있다. "그 지역에서 유럽연합은 으뜸가는 무역·투자 파트너다. 유럽연합과 메르코수르 사이의 무역 규모는 484억 9800만 유로에 달했다. 유럽연합은 1998~2000년에 830억 유로를 투자한 최대 투자자다. 미국은 메르코수르의 두 번째 무역·투자 파트너다. …… 2000년 미국과 메르코수르 사이의 무역 규모는 440억 유로였다." 그 문서가 이렇게 덧붙이는 것도 당연하다. "최근 북미자유무역지대NAFTA 수립은 유럽연합과 메르코수르 사이의 자유무역협정이 선행되지 않을 경우 2005년 미주자유무역지대 창설이 초래할 수 있는 심각한 위험을 보여 준다."[52]

그런 이해관계 충돌 때문에 이라크 전쟁 직전까지 유엔과 다른 곳에서 외교적 책략이 추진됐던 것이다. 프랑스의 보수 정치인들은 미국이 프랑스에 양보하기를 거부한 것은 프랑스가 '정당한 이해관계'를 가진 지역에서 프랑스를 제거하려는 것이라고 봤다. 그리고 미국이 영국은 물론 동유럽·이탈리아·스페인 지배

◆ 대외對外지급에 대비해 각국이 보유하고 있는 통화.

자들의 지지를 끌어낸 것은 전통적으로 독일의 영향권이었던 지역에 침입하는 것이었다.

유럽의 일부 주류 정치인들은 옛 프랑스 총리 로랑 파비우스의 말을 결론으로 끌어내고 있다. "유럽은 분열해 있었고 통일된 방위력이 없었으므로 미국에 자신의 목소리를 들려 줄 수 없었다."[53] 〈파이낸셜 타임스〉에서 앤드루 모라브치크는 "몇 년 동안 정치인들은" 유럽의 군비를 증강해야 한다는 주장이 설득력 있음을 "깨달았다"고 썼다. "거부할 수 없는 논리는 이런 것이다. 즉, 미국이 오직 군사력만 존중한다면, 하나의 유럽 군대는 분명히 존중받을 것이다."[54]

그림 1. 2001년도 '세 기둥'의 해외직접투자 흐름

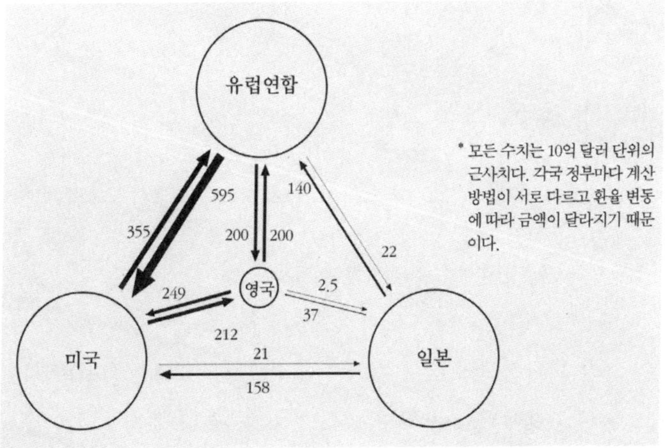

그림 2. 1948~1999년 세계 무역 시스템에서
유럽, 동아시아, 북아메리카의 상대적 비중 변화(단위 : 퍼센트)

	1948	1953	1963	1973	1983	1993	1999
서유럽	31.0	34.9	41.0	44.8	39.0	43.7	43.0
동유럽*	6.0	8.2	11.0	8.9	9.5	2.9	3.9
동아시아	4.3	5.5	7.2	10.5	15.0	22.2	21.3
북미	27.5	24.6	19.4	17.2	15.4	16.8	17.1

* 동유럽에는 중동부 유럽, 발트해 연안 국가들, 독립국가연합(CIS)도 포함된다.
출처 : WTO(2000), 표 II.2.

그림 3. 부시 집권 전의 미국 군비 지출 증감

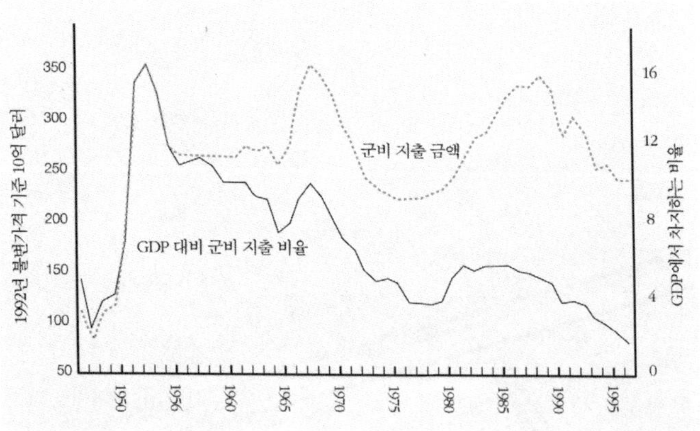

출처: 미국 상무부 경제분석국, 국민소득·생산 계정.

그러나 이런 식으로 유럽의 자본주의들을 융합시키려는 시도는 언제나 내부에서 장애에 부딪혀 왔다. 유럽 각국의 기업들은 자국 국가와의 연계를 존중하고 유럽연합 내에서 다른 나라 경쟁 업체들에게 패배할까 봐 두려워한다. 더욱이, 많은 기업들이 대미 투자를 중시하고 그것이 위험에 빠지는 것을 원하지 않는다. 이 때문에 프랑스-독일 축은 언제나 불안정했다. 이라크 전쟁 직후 독일 산업계는 자국 정부에 미국과의 외교 마찰을 중단하라고 압력을 넣었다. 그리고 모라브치크가 지적했듯이 유럽의 어떤 정부도 "인명 피해가 적은 세계적 첨단 전쟁을 벌일 능력이 있는 통합 군대"의 창설 비용을 떠맡으려 하지 않을 것이다. 그러려면 유럽은 군비 지출을 현재의 국내총생산 대비 2퍼센트에서 미국의 4퍼센트보다 더 높은 수준으로 올려야 할 것이다.[55]

유럽 자본가들은 서로 경쟁하는 중소 제국주의들이 아니라 강력하고 새로운 하나의 유럽 제국주의를 건설한다는 꿈이 있다. 그러나 그것은 매우 이루기 힘든 꿈이다. 설사 이룬다 하더라도 그것은 미국 제국주의와 꼭 마찬가지로 야만적일 것이다(왜 그런지 알기 위해서는, 예컨대 프랑스의 아프리카 개입 사례들만 봐도 된다). 좌파가 달러에 맞서 유로를 지지해야 한다는 조지 몽비오 같은 사람들의 주장이 잘못된 것은 바로 이 때문이다.[56]

일본 : 일본 지배자들은 50년 넘게 미국의 그늘 아래서 활동하는 것에 만족해 왔고, 미국이 자국의 섬 오키나와를 점령해 군사기지로 사용하도록 허용해 왔고, 1991년 이라크 전쟁 비용도 많이 부담했다. 미국이 일본에 대해 우려한 것은 군사적인 것이 아니라

경제적인 것이었다. 그 우려도 1990년대에는 많이 줄어들었다. 일본 경제는 정체한 반면 미국 경제는 성장했고, (미국 국방부가 부추긴) 산업 구조조정 덕분에 미국 기업들은 다시 세계 컴퓨터 산업의 주도권을 되찾을 수 있었다. 일본은 2003년 이라크 전쟁에 대한 외교적 지원을 아끼지 않았다. 그러나 긴장의 가능성은 여전히 남아 있다. 일본의 산업은 오랜 불황 속에서도 대규모 투자를 지속해 왔고 미래에 다시 미국에 도전할 수 있는 위치에 있다. 그리고 일본 주류 정치인들의 일부는 국제적으로, 특히 일본의 투자 비중이 높고 남북한이나 중국-타이완을 둘러싸고 군사적 위기가 발생할 경우 심각한 문제에 부딪힐 수 있는 동아시아에서 독자적 구실을 하려면 군사력을 발전시켜야 한다고 생각한다.

러시아 : 10여 년 동안 거의 완전히 수세에 몰린 제국주의다. 공산당 지도부로서 나라를 통치하던 시절 러시아 지배자들은 세계적 영향력의 측면에서 미국과 대등하다고 여겼고, 남아시아, 중동, 아프리카 대륙 북동부 지역, 서아프리카 등지에서 미국과 전략적으로 경쟁했다. 그때와 똑같은 계급이 오늘날 사유화한 대기업들을 경영하고 KGB 비밀경찰 출신 푸틴을 통해 국가를 지배하고 있다. 그래서 그들은 미국이 반半동맹국 이라크를 침공하고 한때 자기 제국의 일부였던 중앙아시아의 군사기지들(과 석유 이권)을 차지하는 것을 보며 분개하기도 한다.

그러나 러시아 지배계급은 경제 규모가 두 번이나 축소되는 경험을 했다. 첫 번째는 비非러시아 공화국들이 떨어져 나가 옛 소련의 절반을 잃은 것이고, 두 번째는 경제적 산출량을 절반으로 감소시킨 경제 위기였다. 한때 미국의 30~50퍼센트를 차지했던 경제 규모가 이제는 거의 10퍼센트 수준으로 떨어졌다.

러시아 지배계급은 여전히 상당한 군사력을 보유하고 있다. 그러나 그 장비의 대부분은 기술적으로 적어도 한 세대나 낙후한 듯하고, 그래서 재래식 전투에서 별로 성공하지 못할 것이다. 그들은 다른 약소국과 싸우고 싶어 하는 약소국들에게 무기를 팔 수 있지만, 현대식 미제 무기로 무장한 나라들과 직접 맞붙는 데 자신들의 무기를 사용하려 들지는 않는다. 그리고 그들 자신이 미국을 위협할 수 있는 수단은 오직 궁극적 자살 무기, 즉 오래된 미사일 시스템에 장착된 핵탄두뿐이다.

중국 : 중국의 연안 지방은 지난 15년 동안 세계 체제에서 가장 크게 성공한 지역으로 해마다 거의 10퍼센트씩 성장해 왔다.

그러나 경제적 성공은 심각한 긴장을 조성하기도 했다. 경제는 성장하는데 거기서 얻은 것 하나 없는 수많은 농민들이 해마다 도시로 몰려들어 일자리를 찾지만 구하지 못하고 있다. 세계 시장과 연결된 연안 지역이 급속하게 산업화하는 동안, 낙후한 중공업 부문(새로운 산업들에 주요 부품 · 설비 등을 제공하는)에서는 구조조정으로 대량 실업이 발생하고 있다. 그리고 지역 간 불균등성은 점점 더 커지고 있다. 정권을 운영하는 자들은 학생 시위가 노동자들의 불만과 연결돼 중국의 대다수 도시에서 반란에 가까운 소요가 일었던 1989년 천안문 사태가 재발할까 봐 두려워한다. 그들은 또 세계 시장에 가장 긴밀하게 연결된 지역의 관리자들이 가난한 내륙 지방 — 중국의 지배를 제대로 인정해 본 적이 없는 인종적 · 종교적 소수가 거주하는 지역들도 포함해 — 의 수요를 무시함으로써 온 나라가 분열되는 것도 두려워한다. 그러한 지방 분권화 경향에 반대해 중앙정부가 사용할 수 있는 카드가 하나 있다. 바로 중국 민족주의다. 그러나 이것은 타이완 섬을 둘러싸고 미국과 긴장을 불러일으킬 것이다. 중국 민족주의자들은 타이완을 민족적 유산의 일부로 여기는 반면, 미국의 신보수주의자들은 미국 영향권의 핵심적 일부로 여기기 때문이다.

중국 지배자들로 말하자면, 그들이 미국 우파의 태도에 양보한다는 것은 역사적 중국 제국의 일부를 포기하겠다고 인정하는 것일 것이다. 또한, 동쪽의 타이완을 포기한다면 북쪽과 서쪽의 광범한 비非한족 지방들은 왜 안 되겠는가? 미국의 우파에게 그것은 중국을 제국의 대열에서 밀어내 2류 열강으로 전락시킬 수 있다는 신호가 아닐까? 러시아처럼 말이다.

최근 〈파이낸셜 타임스〉의 한 논설은 이렇게 썼다.

> 많은 분석가들은 중국 경제력이 군사력으로 바뀌는 것은 시간문제라고 주장한다. …… 동아시아는 중요한 전쟁을 위한 전역戰域

같다고 그들은 주장한다. 미국 의회의 한 위원회가 최근 내놓은 보고서는 이렇게 결론짓는다. "미국을 적대적 패권 국가로 보는 중국 지도자들의 인식이 위기관리를 위한 견실한 양자兩者 대응 기구가 없는 상황과 겹치게 되면 위기가 폭발할 수 있다. 최악의 경우에 이것은 군사적 충돌을 부를 수도 있다." 외교관 출신으로 일본의 보수적 외교정책 논평가인 오카자키 히사이코는 중국의 힘이 점점 더 커져서 결국 타이완을 장악하게 되고 그래서 일본의 전략적 보급로를 위협하게 될까 봐 두려워한다. 일본은 석유 수요의 약 80퍼센트를 중동에서 수입하고, 그 대부분은 타이완 해협을 지나간다.[57]

백악관의 신보수주의자들 중 적어도 일부는 스타워즈 후속편 전략이 중국의 성장세를 꺾기 위한 것이라고 생각한다. 브래드퍼드 대학교의 폴 로저스는 그들의 논리를 이렇게 설명했다.

많은 공화당 우파는 중국이 지금처럼 성장해 경제적 거인이 된다면 미국의 지배력에 대한 유일한 위협은 중국에서 나올 것이라고 생각한다. 중국의 성장을 억제할 수 있는 한 방법이 중국으로 하여금 국방비 지출을 늘리도록 강요하는 것이고, 국가미사일방어NMD 체계는 그렇게 할 수 있는 한 방법이다. 그것이 바로 위험한 핵무기 경쟁을 부추길지라도 소련이라는 거인이 "[지나친 국방비] 지출 때문에 일찍 무너지도록" 만드는 데 어쨌든 성공했으므로 아마 똑같은 전략이 중국에도 적용될 수 있을 것이다.[58]

영국 : 신노동당 총리 토니 블레어를 "조지 부시의 푸들"이라고 말한다. 이것은 미국 제국주의와 관련해 영국의 굴종적 지위를 잘 보여 준다. 그러나 그것은 또 영국 제국주의가 가진 독자적 이해관계의 정도를 과소평가하는 것이기도 하다. 영국의 전 세계 투자는 미국 다음으로 많고, 영국은 일부 더 큰 다국적기업들의 본거지이기도 하고, 여전히 핵무기를 보유하고 있다. 영국의 문제는 영국 국가가 투자의 국제적 확산에 걸맞은 독자적 구실을 할 능력이 없다는 점을 거의 50년 전에 수에즈 침공을 통해 깨달았다는 것이다. 그 이후 보수당과 노동당 우파 지도자들은 모두 영국의 이익을 보호하는 길은 오직 미국과의 "특별한 관계"뿐이라고 생각했다. 그들은 미국의 지원이 없었다면 포클랜드/말비나스 전쟁에서 승리할 수 없었을 것이고, 자신들의 과거 행적 때문에 북아일랜드에서 발생한 소요 사태를 진정시키기 위해 미국 대통령들에게 의존해야 했다.

이라크 전쟁 당시 블레어의 정책은 이런 사정의 논리적 귀결이었다. 그러나 블레어는 상황이 그리 여의치 않음을 깨닫고 있다. 1950년대와 1960년대에 제국의 경제적 중요성이 감소하자 영국의 일부 산업부문은 시장과 투자처를 찾아 점차 유럽으로 눈을 돌렸다. 그래서 오늘날 영국 자본주의는 두 방향, 즉 미국과의 오랜 동맹 쪽과 새로운 유럽 초강대국을 꿈꾸는 쪽으로 이끌리고 있다. 블레어는 영국 산업계의 미국 지향 부문을 유럽의 틀 안에서 옹호함으로써 두 압력을 상쇄하고 싶어 한다. 그러나 전쟁을 둘러싸고 한편으로는 프랑스·독일과 미국 사이의 상호 비난 때문에 그는 곤경에 처해 있다.

거대 열강들 간의 상호 작용은 일부 신자유주의·자유무역 주창자들이 꿈꾸는 것이나 하트와 네그리가 어떤 단일체 — "제국" — 로 해석하는 것과 달리, 국가들의 평화로운 제휴가 아니다. 일련의 상충하는 이해관계가 있고, 이를 처리하는 최후의 수단인 군사력이 있다. 미국의 아프가니스탄과 이라크 공격은 그 군사력이 실행되는 것을 보여 줬다. 그러나 20세기 초 40년 동안과는 여전히 차이가 있다. 당시 전쟁들은 제국의 심장부를 파괴했었다. 1945년 이후의 긴장이 부른 대규모 군비 증강은 잠재적으로 제국의 심장부를 겨냥해 사용될 수도 있었다. 그러나 열전熱戰은 제국의 외부, 주로 제3세계에서 벌어졌다.

그 한 가지 이유는 '억지' 효과, 즉 핵전쟁이 대다수 국민들뿐 아니라 국내 경제 전체를 파괴할 것이라는 두려움 때문이었다. 심지어 오늘날에도 러시아, 중국, 인도, 파키스탄, 북한의 지배자들은 — 사실, 영국과 프랑스 지배자들도 — 핵무기 보유를 궁극적 방어책이라고 본다.

또 다른 이유는 선진 자본주의 경제들의 상호 침투였다. 이것은 국가에 압력을 넣어 자국 국경 밖에서 힘을 쓰게 만든다. 자신의 국민국가가 다른 나라에 있는 막대한 자기 재산을 파괴하는 것을 원하는 자본가는 거의 없다. 그리고 그런 재산은 대부분 다른 선진 자본주의 나라들에 있다. 이것이 전쟁을 완전히 배제하는 것은 아니다. 1914년에도 자본주의 경제는 고도로 국제화해 있었지만, 이것이 전면전을 막지는 못했다. 1941년에도 독일에 포드 공장과 코카콜라 매장들이 있었지만, 진주만 사건 뒤 미국은 전쟁에 뛰어들었다. 그러나 이 때문에, 되도록 그런 충돌을 피하려는 — 그리고 자신들의 불화를 산업화가 늦은 지역에서 해결하려는 — 동기가 생기는 것은 사실이다. 그래서 1945년 이후에도 전쟁은 계속됐지만, 서유럽 · 북아메리카 · 일본에서 멀리 떨어진 곳에서 벌어졌다. 그리고 흔히 특정 열강들의 후원을 어느 정도 받지만 그렇다고 완전히 종속되지도 않은 현지 정권들이 벌이는 '대리전' 형태를 띠었다.

이것은 특히 아프리카에서 사실이었다. 냉전 말기 15년 동안 미국과 옛 소련은 서로 상대방에 대한 전략적 우위를 확보하려는 노력의 일환으로 여러 전쟁과 내전에서 각각 경쟁 세력들을 지원했다. 마찬가지로, 남아시아에서 인도는 옛 소련과 느슨한 동맹을 맺고 있었고 파키스탄은 미국과 더 긴밀한 동맹을 맺고 있었(고 중국과도 동맹을 맺고 있었)다. 더 최근인 1990년대 초중반에 미국과 프랑스는 중앙아프리카에서 영향력 경쟁을 벌였다. 그들은 탄자니아, 르완다, 부룬디, 콩고-자이르의 접경지대에서 벌어진 전쟁 겸 내전에서 서로 경쟁하는 세력들을 지원했다. 그들이 후원해 시작된 재앙으로 결국 300~400만 명이 죽었다. 같은 기간에 거대 열강들은 유고슬라비아 붕괴에서 이득을 얻기 위해 각자 공개적으로 또는 비밀리에 여러 군대를 지원했고 그 군대들은 서로 상대편에 대한 인종 청소를 자행했다. 그런 상황에서 등장한 용병 부대 대장들은 재산을 모으기 위해 전쟁을 벌이고 또 전쟁을 벌이기 위해 재산을 증식하는 등 소규모로 제국주의 열강들의 행태를 모방했다. 제국주의는 현지 지배자들을 부추겨 유혈 낭자한 전쟁과 내전을 감행하게 만드는 것을 뜻했다. 그리고 가끔 서방의 이익을 위협할 만큼 무질서가 심각해지면 '평화 유지'를 위해 서방 군대를 투입하는 것을 뜻했다. 이런 식으로 선진 자본주의 국가들의 제국주의적 적대에서 비롯한 모순 때문에 전 세계 빈곤 지역들의 상황은 더 악화하고 있다.

전쟁, 착취, 제3세계

거대 자본주의 열강들 간의 충돌이 제3세계에서 벌어진 전쟁들의 끔찍한 사망자 수로 표현된다면, 그들의 정책이 민중에게 안겨

준 비참한 경제적 결과들이 가장 두드러진 곳도 바로 제3세계다.

제3세계 각국 정부는 1970년대 중반 이후 '자주적' 경제 발전 노력을 포기했다. 옛 해방 투사들, 이른바 '공산주의자'들과 우파 민족주의자들 모두 자국 경제를 해외 자본에 개방하고 신자유주의 '워싱턴 컨센서스'를 받아들였다. 이것은 단지 선진 자본주의 국가들의 압력, IMF의 협박, 다국적기업들의 음모 문제만은 아니었다(많은 협박과 약간의 음모가 실제로 있긴 했지만 말이다). 진정한 문제는 어떤 한 나라의 국경 안에서는 자본 축적에 필요한 물자가 제한돼 있었다는 것이다. 외부 침입에 맞서 아무리 잘 보호됐을지라도 말이다.

전에 국내에서 자본을 축적하려 했던 자들이 이제는 거대 다국적기업들과의 협상을 통해 기술을 개발하고 더 넓은 시장을 개척하는 데 착수했고, 서방 은행들로부터 대규모 차입을 통해 개발 자금을 조달하기 시작했다. 그들 나름으로는 자신들이 해외 자본에 굴복한 것이 아니라 자국을 개발하는 지렛대로 해외 자본을 이용한다고 생각했다. 독자적 경제 발전을 이루기 위해 모든 계급의 단결을 설파했던 정당들이 이제는 다국적기업들이나 세계 은행 시스템과 협력해야 한다고 열렬하게 주장하고 있었다. 예컨대, 아일랜드 공화당, 아르헨티나 페론주의자들, 페루 아메리카혁명적민중동맹, 인도 국민회의, 중국 공산당과 베트남 공산당이 그랬다.

그런 협력 덕분에 소수의 현지 자본들은 다국적기업들의 부류에 낄 수 있었다. 그 덕분에 다른 자본들은 현지 지분을 처분하고 그 대금을 해외의 더 수지맞는 사업에 투자해 선진 경제들에서 주주나 채권자로 변신할 수 있었다.

아르헨티나 · 브라질 · 멕시코가 전형적이었다. 그런 나라들은 1940년대 · 1950년대 · 1960년대에 국가가 개입해 산업에 대한 직접투자, 흔히 국유 기업에 대한 투자를 주도함으로써 산업 기반을 확립했다. 그러나 1970년대가 되자 더 통찰력 있는 산업체 경영자들 — 국유 부문이든 민간 부문이든 — 이 보기에, 국민경제의 한계를 벗어나는 길을 찾지 못하면 세계적 생산성 수준을 따라잡는 데 필요한 최신 기술과 자원을 얻을 수 없다는 것이 분명해졌다. 그들은 특허 협정이나 합작 생산 계획과 자금을 얻기 위해 점차 해외 다국적 자본에 의존하기 시작했다. 그리고 스스로 다른 나라들에서 다국적 자본으로서 활동하기 시작했다. 그래서 아르헨티나의 철강업체 테크넷은 1993년에 멕시코 강관업체 탐사Tamsa를, 1996년에 이탈리아 강관업체 달미크네를 인수했고, 그 뒤 브라질 · 베네수엘라 · 일본 · 캐나다로 진출해 테나리스로 이름을 바꿨다. 그 기업은 이렇게 자랑했다. "연간 300만 톤 이상의 무계목 강관과 85만 톤의 용접 파이프 생산 능력이 있는 테나리스 그룹은 세계 무계목 강관 시장을 선도하고 있다."[59] 일부 멕시코 기업들도 비슷한 양상을 보인다. 자동차부품 · 식품 · 석유화학 · 철강 업체 등 109개의 자회사를 거느린 멕시코 최대의 산업 재벌 알파는 1980년대 말 외국 기업들과 합작 사업에 착수했다. 알파의 재무 담당 이사는 이렇게 말했다. "우리 비철강 사업의 4분의 3은 합작 사업이다. 우리는 합작 사업 문화를 갖고 있다." 미국 기업 두 개를 사들인 유리 제조업체 비트로는 "미국과 멕시코에 거의 동등한 시장을 가진, 세계 주요 유리용기 제조업체"가 됐다.[60] 이것의 논리적 귀결은 멕시코 지배계급이 그 오랜 민족주의를 망각한 채 북미자유무역지대에 가입하고 점차 미국 자본주의의 부하 노릇을 한다는 것이다.

가끔 그런 협력은 더 많은 현지 자본에게 긍정적 결과를 가져다주기도 했고, 중간계급이 되고자 하는 사람들에게 약간의 일자리를 제공하기도 했고(아일랜드, 남한, 싱가포르, 타이완, 중국 연안), 심지어 노동자들이 노동쟁의를 통해 생활수준을 향상시킬 수 있는 상황을 조성하기도 했다. 그러나 대개는 외국 은행들에 대한 부채를 증가시켰고, 이는 국민국가들이 처리해야 할 몫이 됐다. 그런 상황에서 국민의 소수 계층은 다국적 자본의 사치와 환락을 맛본 반면, 민중의 상황은 악화하거나 기껏해야 변함이 없었다. 여피* 계급은 잘 보호된 자신들만의 집단 거주 지역에 살면서 마치 산업 세계의 가장 부유한 지역에서 사는 것처럼 생활하고 (더

* 고등교육을 받고 도시 근교에 거주하는 전문직 고소득 청년층.

나아가 흔히 실제로 그런 지역에서 휴가철을 보내는) 반면, 주민의 다수는 점점 늘어나는 빈민가와 판자촌에서 고통을 겪었다.

오늘날 그 결과를 볼 수 있는 곳은 1980년대에 1인당 국민소득이 하락한 라틴아메리카, 지금 1인당 국민소득이 20년 전보다 더 낮아진 중동, 그리고 무엇보다도 세계 무역에서 차지하는 비율이 50년 전의 3퍼센트에서 지금은 1퍼센트로 떨어짐에 따라 절대 빈곤이 풍토병이 돼 버린 사하라 사막 남쪽의 아프리카 지역이다.

국가를 운영하는 자들은 크나큰 문제들에 직면하는데, 심지어 자신들만의 독자적인 자본주의적 또는 국가자본주의적 조건에서 개발주의 전략이 성공할 때조차도 그렇다. 그 성공을 좌우하는 것은 높은 수준의 국내 축적 ― 그리고 그 이면의 고강도 착취인데, 이것은 오직 노동자·농민의 생활수준을 억제함으로써만 달성할 수 있다 ― 이다. 그러나 높은 수준의 축적에 성공할 때조차도(이것은 법칙이 아니라 예외다), 다국적기업들과의 협상력은 여전히 취약하다. 다국적기업들이 현지 기업들을 인수함에 따라, 현지 자본 투자에서 그들이 차지하는 비율은 전체의 40퍼센트, 심지어 50퍼센트까지 상승하고, 따라서 현지 정책 결정 과정에 대한 그들의 영향력도 증대된다. 그러나 세계 빈곤 지역의 국가들은 다국적기업들에 대해 그만한 영향력이 없는데, 왜냐하면 그들 국내 경제의 규모가 작다 보니 다국적기업들의 전 세계 투자와 판매에서 차지하는 비율이 기껏해야 1~2퍼센트밖에 안 되기 때문이다. 버크와 엡스타인이 지적했듯이, "다국적기업들에게 해외투자 전체는 엄청나게 중요하지만, 일반으로 말해, 어느 개발도상국에 대한 특정 투자 한 건件, 한 건件은, 한두 예외를 제외하면 비교적 대수롭지 않은 것이 사실이다. 따라서 다국적기업들에 대한 정치적 관할권의 협상력은 흔히 아주 취약하다."[61] 국가를 운영하는 자들이 민중에게 약속했던 것과 그들이 실제로 이행할 수 있는 것 사이에 큰 격차가 벌어지기 시작한다. 가혹한 탄압과 극심한 부패가 예외가 아니라 법칙이 된다. 개발주의 전략이 여러 문제에 부딪히면, 탄압뿐 아니라 뭔가 다른 것도 나타난다. 국가를 중간계급 일부, 그리고 이들을 통해 일부 노동계급이나 농민과 연결해 주던 대중 단체들이 껍데기만 남게 되는 것이다. 억압적 국가가 취약한 국가가 되고 그 지배력을 강화하기 위해 해외의 지원에 의존하게 된다.

선진국들이 이윤율 문제 때문에 다른 곳에서 잉여가치를 뽑아낼 기회만 노리고 있을 때(그런 기회가 아무리 제한적일지라도) 바로 이런 일이 일어난다. 세계 최빈곤 지역에서 뽑아낼 것은 그리 많지 않지만, 지금 있는 것만이라도 뽑아내자는 게 그들의 생각이다. 제국주의가 높은 수준에서 뜻하는 바는 서로 경쟁하는 자본주의 열강들이 저마다 다른 이해관계를 만족시키는 방법을 둘러싸고 서로 격렬하게 다툰다는 것이다. 낮은 수준에서는 제3세계의 현지 지배계급들을 강요해 서방 은행들에 대한 부채 상환,

다국적기업들에 대한 로열티 지급, 현지 국내 자본가들뿐 아니라 서방 투자자들에 대한 이윤 제공을 감독하게 만든다는 것이다. 외채 상환을 통해서만 해마다 3000억 달러가 '개발도상국'들에서 부유한 선진국으로 이전된다.[62] 미국의 해외투자 보호에 여념이 없는 한 웹사이트는 이렇게 자랑한다.

> 대부분의 신규 해외투자는 해외에서 창출된 이윤으로부터 대가를 얻는다. 1996년에 미국 기업들의 해외직접투자는 겨우 860억 달러였다. …… 해외 영업 활동의 이익 잉여금을 빼면, 겨우 220억 달러밖에 안 된다. …… 미국 기업들의 해외 영업 활동은 미국으로 되돌아오는 소득을 창출하기도 한다. …… 1995년에 미국으로 되돌아온 이런 소득 — 직접 투자 소득, 특허료와 면허료, 각종 요금과 서비스로 정의되는 — 은 1170억 달러였다.[63]

이렇게 쥐어 짜내는 데는 끝이 없을 것이다. 브라질 주식시장의 시가총액에서 외국인 투자자들이 차지하는 비율은 1991년 6.5퍼센트에서 1995년 29.4퍼센트로 상승했으며,[64] 멕시코의 새 정부가 비멕시코인에게 갚아야 하는 부채 비율은 1990년 말 8퍼센트에서 1993년 말 55퍼센트로 상승했다.[65] 이 점에서 프랑스와 스페인 자본은 라틴아메리카에서 매우 적극적이었다. 스페인의 두 거대 은행, 빌바오-비스카야 은행과 산탄데르 은행은 많은 라틴아메리카 나라 은행들의 주식 지분을 대거 매입했다. "현재 20대 외국계 은행 자산의 거의 3분의 1을 스페인 최대의 기관들이 소유하고 있으며, 이것만으로도 미국 은행들이 가진 지분을 초과한다. 전에는 미국 은행들이 라틴아메리카의 은행 부문을 주도해 왔었는데 말이다."[66]

은행업 기반을 이용해 [금융자본가들은] "투자은행, 보험, 특히 연기금 관리 참여" 등 다른 부문으로 진출했고, "원래 다른 스페인 투자자들이 매우 적극적이었던 부문들(통신과 에너지)에서 일부 비非금융 기업들의 소액 지분"을 확보했다.[67] "이미 오래 전부터 그 지역에서 활동해 왔던 외국계 은행들은 스페인 은행들과 HSBC 은행의 공격적 전략 때문에 방어 조치들을 취하지 않을 수 없었다. …… 뱅커스트러스트는 아르헨티나에서, 로이즈은행·체이스맨해튼·아베엔암로ABN-Amro는 브라질에서 현지 은행들을 인수하거나 그들의 보통주를 매입하기로 결정했다."[68] 스페인 은행들이 성장하는 동안 수에즈나 비방디 같은 프랑스 기업들은 공기업 매입 전략을 추진했다.

자본의 고정 수익을 보장받는 한 방법으로 서비스 공급 부문을 인수하는 이런 추세는 프랑수아 셰네가 지적했듯이 세계적으로 확산되고 있다. 서비스 관련 해외투자는 "1960년대에 전 세계 해외직접투자 총액의 4분의 1에 불과했지만, 1980년대 말에는 약 절반으로 상승했고 새로운 흐름의 55~60퍼센트를 차지했다."[69]

이 때문에 WTO를 통해 지적재산권 협정과 서비스무역협정(특허료 지급이나 다국적기업들에 대한 공공 서비스 시장 개방과 관련된)을 강제하려는 시도들이 나타난 것이다.

제3세계 경제들은 세계 체제의 너무 작은 부분이므로 이 새로운 형태의 금융자본주의가 흡슨 시대의 옛 형태처럼 선진국 자본가들의 문제를 해결하는 구실을 할 수는 없다. 예컨대, 아르헨티나의 경제 규모는 미국 오하이오 주보다 크지 않고, 심지어 라틴아메리카에서 가장 큰 브라질 경제조차도 캘리포니아 주보다 20퍼센트나 작다.[70] 그러나 그렇게 쥐어 짜내면 사람들을 반란으로 몰아갈 수 있다. 물과 전기 공급업체 매각 시도에 반대해 일어난 반란이 볼리비아 정부와 페루 정부를 뒤흔들었다. 2001년 12월 아르헨티나의 델라루아 정부를 무너뜨린 반란에서는 외국계 은행들과 공기업들에 대한 분노가 한몫했다. 그리고 저항은 개별 기업들을 다치게 할 수 있다. 스페인 은행들이나 수에즈와 비방디 같은 프랑스 다국적기업들은 지금 자신들의 상처를 핥고 있다.

오늘날의 반제국주의 정치

제3세계의 고통과 그런 고통에 맞선 반란은 새로운 반자본주의 물결을 일으키는 데서 아주 중요했다. 그 물결은 시애틀 시위 이후 세계를 휩쓸면서 이라크 전쟁 즈음의 대규모 반전·반제국주의 시위들에 중요한 자극제가 됐다. 서방에서 반자본주의 투쟁에 참여한 사람들 사이에서는 세계의 빈곤 지역에서 억압에 저항하는 사람들과 연대해야 한다는 의식이 강화되고 있다. 이것은 과거에 흔히 선진국 노동자들을 그 지배자들과 단결시켜 줬던 인종차별주의와 민족주의를 무너뜨리는 데 엄청나게 중요하다.

이와 동시에, 제3세계와 신흥공업국들에서 개발주의를 추구한 현지 자본 부문의 이데올로기였던 민족주의가 이제는 점차 양날의 칼로 바뀌고 있다. 착취, 억압, 정치 부패로 고통받던 사람들이 이제 민족주의를 표방하여 가장 미움받는 지배계급 인물들에 반대하기 시작하고 있다. 그들은 민족주의적 의제를 배반한 자들로, 그들이 민중의 생활 조건을 공격하는 것은 제국주의적 압력에 굴복한 것이라는 생각이 널리 퍼져 있다. 국가가 부자든 빈민이든 민족 전체를 대표한다고 믿었던 사람들이, 이제는 국가가 민중의 이익을 무시하는 것은 그것이 외세의 도구이고 외세가 강요한 '신식민지'나 '반식민지' 국가라는 사실을 입증하는 것이라고 생각한다. 외세의 영향력을 제거하고 국가를 공통의 민족 이익 보유고로 재건하기 위해 현재의 국가를 개혁해야 한다 — 그리고 개혁할 수 있다 — 고 주장하는 한 경향으로 좌파 민족주의가 등장한다.

좌파 민족주의는 흔히 사람들을 고무해 현지 지배계급의 일부에 맞서 투쟁하게 만든다. 그러나 착취자들과 피착취자들을 하나로 묶어 주는 공통의 '민족[국민]' 이익이 존재한다고 믿기 때문에 좌파 민족주의는 거대 자본주의 열강들과 손잡고 함께 일하는 바로 그 현지 자본가 정치인들의 조종에 놀아날 수도 있다. 이들은 자신에게 이로운 정책들 — 공기업 사유화나 외채 상환 — 을 외부 큰 형님의 압력 탓으로만 돌리려 한다. 불행히도, 흔히 이들은 그런 정책들에 반대하는 민중운동의 일부 지도자들이 이에 동조할 걸로 기대할 수 있다. 그래서 중동에서는 현지 자본가계급들이 이스라엘의 팔레스타인 정책들을 수용하는 것을 순전히 미국의 압력(또는 '비非이슬람' 행위) 탓으로만 돌리는 일이 흔하고, 라틴아메리카에서는 1973년 칠레와 1976년 아르헨티나 쿠데타를(또는 사실상 2002년 베네수엘라의 쿠데타 기도도) 단지 '민족 자주'를 분쇄하려는 미국의 음모 때문으로만 이해하지, 자신들의 지위에 도전하는 행위를 모두 분쇄하려는 현지 자본가계급이 미국 지배계급의 지원을 기대하며 감행한 행동으로 이해하지 않는 경우가 흔한 것이다. 그러나 베트남전 이후에 반란 운동을 상대로 미국이 벌인 전쟁은 거의 다 대리전이었고, 미국은 현지 지배계급들에 의존해 자신과 그들 모두를 위한 전쟁을 벌일 수 있었다. 1980년대 라틴아메리카에서 미국이 소수의 미군을 '군사고문단'으로 파견해 과테말라 · 엘살바도르 · 온두라스의 우익 정부군과 니카라과의 콘트라 반군을 훈련시키고 무장시킨 경우가 바로 그랬다. 더 최근에 미국이 콜롬비아 정부에 대규모 군사원조를 제공하고 베네수엘라의 쿠데타를 사주한 경우도 마찬가지다.[71]

'반식민지'나 '신식민지' 국가를 얘기하는 것은 그런 잘못된 인식을 강화해 준다. 제국주의는 어디서나 적이다. 그러나 대부분의 경우에 착취와 억압의 직접 주체는 현지 지배계급과 국민국가다. 그들은 이런저런 지배적 제국주의들과 협력하고 세계 체제의 공포를 현지 주민들에게 강요한다. 그러나 그들이 그렇게 하는 것은 그것이 제국주의뿐 아니라 현지 지배계급에게도 이익이 되기 때문이지, 현지 부자들이 피착취자들과 공유하는 모종의 '민족[국민] 이익'을 잠시 망각했기 때문이 아니다.

이 점을 이해하지 못하는 좌파 민족주의는 노동자 · 농민 · 하층 중간계급의 분노에 초점을 제공하기도 하지만 그런 분노를 개혁주의적 해결책으로 이끄는 경향도 있다. 국내 수준에서 이것이 뜻하는 바는 기존 자본주의 국가의 틀 안에서 덜 민족주의적인 해결책에 반대해 더 민족주의적인 해결책을 위해 싸운다는 것이다. 요즘 이런 사례는 미주자유무역지대에 대항하는 투쟁 속에서 찾아볼 수 있다. 라틴아메리카의 비혁명적 좌파는 이런 투쟁에 반자본주의적 자극을 가하려 애쓰지는 않고 메르코수르를 모종의 대안으로 제시하고 있다. 그러나 메르코수르는 브라질 대기업 부문이 그 지역에서 경제적 맹주 노릇을 하면서 유럽연합과 투자 · 무역 연계를 강화하려는 시도이지, 미주자유무역지대에 접근

할 수 있는 조건에 관한 협상을 배제하지 않는다.

국제적 수준에서 좌파 민족주의가 뜻하는 바는 교역조건이나 특정 무역 블록 선호 등의 쟁점에 집중한다는 것이다. 민족자본가들이 세계 시장에서 그들의 상품을 판매할 수 있는 조건이 개선되기만 하면 그들이 착취하고 억압하는 민중의 문제들도 해결된다는 듯이 말이다. 이에 동반하는 견해가 선진 세계 주민 전체가 '부등가교환'이나 제3세계에 대한 해외투자에서 얻는 '초과이윤'을 통해 제3세계 주민 전체를 착취한다는 것이다. 그 때문에 좌파 민족주의는 세계 체제의 핵심 동역학에 집중하지 못하게 만든다. 그러나 이 세계 체제를 주로 좌우하는 것은 축적 · 해외투자 · 무역의 중심지들 ― 선진 공업국들, 소수의 신흥공업국들, 그리고 점차 중요해지는 중국 연안 지방 ― 에서 일어나는 일들이다. 그리고 좌파 민족주의는 진정한 국제 연대의 발전을 저해한다.

레닌은 서방의 노동자 운동이 식민지 세계의 반제국주의 운동을 동맹군으로 여길 것을 요구했지만, 식민지의 사회주의 혁명가들이 "후진국의 부르주아 민주주의 해방 세력"을 "공산주의로 윤색"하는 것에 강력하게 반대했다.[72] 오늘날 이 주장을 되풀이하고 보강해야 한다. '개발도상국'이나 '신흥공업국'의 '좌파 민족주의' 사상은 제국주의와 결탁한 현지 지배계급들에 맞서 싸우도록 사람들을 자극하고 거의 혁명적인 격변을 일으킬 수 있다. 그러나 필연적으로, 그런 격변에 참여한 사람들을 개혁주의적 방향으로 이끌고 간다. 이것은 서방에서 제국주의와 전쟁에 반대하는 국제적 활동을 적극적으로 건설하는 우리 같은 사람들에게는 크게 중요하지 않다. 우리는 제국주의에 반대하는 제3세계 운동들을 지지한다. 그들의 사상이 아무리 혼란스러울지라도 말이다. 그러나 그것은 제3세계 혁명가들에게는 근본적으로 중요하다. 세계의 방대한 지역에서 부르주아지와 쁘띠부르주아지가 진정한 식민지 억압에 직면하고 있었던 레닌 시대에 그런 사상을 비판하는 것이 필요했다면, 진정한 부르주아지가 가장 강력한 세계 자본주의 부문의 진정한 협력자나 하위 파트너가 된 오늘날에는 몇백 배나 더 중요하다. 그런 격변의 일부가 되는 것도 필요하지만, 그 안에서 정치적 독자성을 견지해야 한다.

미국 제국주의의 딜레마

이라크 전쟁 직후 미국 제국주의는 엄청나게 강력한 것처럼 보였다. 그러나 그 핵심 문제들은 하나도 해결되지 않았다.

미국의 승리에 겁을 먹은 제3세계의 다른 정부들은 미국의 호령에 굴복할 것이다. 각국 지배자들에게 IMF가 그 의지를 강요하는 것도 훨씬 더 쉬울 것이다(그들은 미국이 승리하지 못했다면 자국 민중의 저항에 굴복했을지도 모른다). 바로 그 때문에, 프랑스 금융거래과세시민연합의 베르나르 카상이 전 세계 빈민들에 해로운 조처들에 반대하는 것과 전쟁 반대를 대립시킨 것은 완전히 잘못됐다.

그러나 제3세계 대부분 지역의 착취와 빈곤 증대가 미국 자본주의의 이윤율과 경쟁력에 대한 압력을 해소해 주지는 못할 것이다. 50년 전 선진 자본주의들이 경제적 재앙을 겪지 않고 식민지 건설을 중단할 수 있게 해 준 근본적 사실은 여전히 변하지 않았다. 선진 자본주의 나라들의 투자가 다른 선진 자본주의 나라들이나 소수 신흥공업국들로 향하는 것은 대부분의 이윤을 그런 곳에서 얻을 수 있다는 단순한 이유 때문이다. 아프리카의 거의 전역과 브라질 · 멕시코를 제외한 라틴아메리카 많은 부분을 포함하는 제3세계의 대부분은 체제 전체의 동역학에 대해 경제적으로 덜 중요해지고 있다. 세계 자본의 입장에서 볼 때, 그런 지역들에서 얻을 수 있는 이윤과 이자 상환액은 케이크 한 조각은커녕 케이크를 덮은 크림 위의 장식용 글자밖에 안 된다.

석유는 21세기의 전략적 상품이며, 미국은 10여 년 동안 두 차례 전면전을 통해 석유 지배권에 얼마나 혈안이 돼 있는지 잘 보여 줬다. 내가 앞서 주장했듯이, 가장 중요한 것은 미국 석유 회사들의 수익성이 아니다. 마이크로소프트, 보잉, 제너럴모터스 같은 대기업들은 엑손을 위해 전쟁에 내재한 위험을 무릅쓰려 하지 않는다. 진정한 관심사는 석유의 가격과 이용 가능성을 지배함으로써 미국 자본주의 전체의 이윤 창출과 축적에 유리한 안정적 구조를 미국 외부뿐 아니라 내부에서도 확립하려는 것이다. 그것은 또 다른 선진 자본주의 국가들과 협상할 때 더 강력한 힘을 발휘할 수 있기 위한 것이기도 하다.

그러나 이것이 근본적 문제 ― 1990년대 말 투기 호황 당시 막대한 부실 투자로 악화된 이윤율의 장기 하향 압력 ― 를 해결할 수는 없다.[73] 이라크 석유를 지배하는 것은 (비록 지금 달러 가치가 하락하고 있긴 하지만) 미국이 세계 금융 시스템에서 발휘하는 현재의 불확실한 지배력을 강화하는 데, 그리고 생산하는 것보다 더 많이 소비하는 것을 지속하는 데 도움이 될 것이다. 그러나 미국 자본가들이 지배하는 전 세계 잉여가치의 몫을 결정적으로 증가시킬 수는 없다. 미국 폭탄과 탱크가 파괴한 것의 재건 비용을 충당할 만큼 충분히 많은 양의 이라크 석유가 생산되려면 최대 5년이 걸릴 것이라고 전문가들은 생각한다. 그리고 그때조차도 어려운 선택들이 남아 있을 것이다. 국제 유가를 상당히 낮출 만큼 석유 생산량을 늘리고 그래서 미국 자본가계급 전체를 도와주는 것은, 건설 회사들에게 대가를 지급하고 석유 회사의 이윤을 유지하는 데 필요한 석유 수입收入을 날려 버릴지도 모른다.

전쟁 옹호론자들은 그런 계산을 이용해 전쟁의 목적이 석유를 위한 것이 아니었다고 주장했다.[74] 그들의 주장이 틀린 이유는 세계 패권을 위한 투쟁에서 석유가 중요한 무기이기 때문이다. 그러나 그들의 계산 일부는 옳았다. 석유 지배력 자체만으로 전쟁 경비 수백억 달러가 미국 자본주의에 수익성 있는 투자가 되지는 못할 것이다.[75] 그것은 이라크를 식민지로 오래 점령하는 비용도 충당할 수 없을 것이다. 특히, 점령 때문에 불안정이 심화해 그 지역 다른 곳에서 사회적 격변이 일어나 군사적 개입을 해야 한다면 말이다. 그러나 미국이 이라크에서 거둔 승리의 성격 자체 때문에 장기 군사점령이 불가피해질 것이다.◆

동맹국들 없이 (영국만 데리고) 전쟁을 감행해 미국의 세계 군사전략을 각인시키기로 결정했으므로 바그다드로 신속히 진격하는 전격전을 벌이느라 부시 일당은 나중에 안정적 친미 정권을 재빨리 수립하는 데 필요한 전제 조건들을 확보할 수 없었다. 전쟁 직후, 그들은 이라크에 매우 오랫동안 머물 것인지, 아니면 이라크 전역을 계속 통치하기 힘들지도 모르는 이라크인 부하들 ― 이들은 결국 석유 수입을 자신들의 독자적 목적을 위해 사용하려는 유혹에 빠질 것이다(1963~1968년에 미국의 지원에 힘입어 집권하게 된 바트당이 그랬다) ― 을 내세울 것인지 선택해야 했다.

이 선택 때문에 부시 정부 내 '일방주의적' 전쟁 옹호론자들은 바그다드 함락 바로 다음 날 분열했다. 한편에는, 중동 전체를 뒤집어엎고 안정적인 자본주의적 민주주의 체제들을 수립해 제국

◆ 이 글은 부시의 의기양양한 종전 선언 직후인 2003년 5월경에 쓰였다.

주의적 이익 보호에 장기적 정당성을 확보하려는, 즉 1980년대 말 라틴아메리카에 수립했던 정권들의 아랍판을 건설하려는 꿈을 가진 '자유주의적 제국주의자'들이 있었다. 다른 한편에는, 과거의 키신저와 마찬가지로 미국의 비용을 최소화하고 장기 임무에 미군을 개입시키지 않은 채 지배력을 행사하기 위해 어떤 독재자와도 거래할 용의가 있는 '현실주의적 제국주의자'들이 있었다. 그리고 그 배후에는 이라크의 안정을 위한 '다자주의적' 노력이나 유엔의 노력을 위해 유럽 · 러시아 · 중국과 거래할 가능성이 있다. 그러나 그런 거래를 하면 미국의 직접 지배권은 사라지고, 전쟁으로 확보한 이득의 일부도 날려 버릴 것이다.

십중팔구 미국은 세 가지 선택 사이에서 오락가락할 것이다. 미국은 어쩔 수 없이 오랫동안 점령해야 할 것이고, 그리 되면 국내에서는 전쟁 비용이 늘어나고 중동 전역에서는 저항의 불씨가 타오를 것이다. 미국은 현지 정치인들과 협력할 터인데, 실질적 기반이 거의 없는 그들이 안정적으로 통치할 수 있는 방법은 사담 후세인이 미국의 부하였을 때 자행했던 것과 같은 독재적 방식에 의존하는 것뿐이다. 그리고 미국은 자신의 더 광범한 이익에 대한 피해를 최소화하기 위해 국제적 경쟁자들과 타협해야 한다고 느끼게 될 것이다.

사태가 달리 전개될 것 같지는 않다. 유럽 열강들이 1950년대와 1960년대에 식민지를 포기한 것은 자비심 때문이 아니라 반란을 일으킨 민족주의 운동들과 세계 경제의 구조 변화를 경제적으로 감당할 수 없었기 때문이다. 100년 전 옛 제국주의의 절정기에 유럽 제국들은 비용을 자체 충당할 수 있었다. 인도와 아일랜드는 언제나 영국 재무부에 잉여를 제공했다. 이런 제국주의의 자산이 1950년대에는 재정 고갈의 원인이 돼 버렸다. 10년 뒤 미국은 대규모 물리적 점령을 통해 베트남을 고수하는 데 드는 비용이 지나치게 많음을 깨달았다. 바로 이 때문에 닉슨 정부는 결국 전면 지상전에서 후퇴해 공습으로 베트남을 굴복시키려는 정책으로 전환했고, 그조차도 효과가 없자 베트남에서 철수했다.

잉여가치의 주요 원천이 선진국들에 있다면, 높은 수준의 군비 지출을 효과적으로 충당하는 유일한 현실적 방법은 제2차세계대전 당시 독일이 한 것을 되풀이하고 선진국들에 점령 정권들을 수립해 그들을 쥐어 짜내는 것이다. "새로운 미국의 세기"의 사도들이 이라크 전쟁 뒤 아무리 오만해졌을지라도 아직은 그렇게 할 준비가 안 돼 있다. 그리고 그들이 그렇게 한다면 미국의 주류 자본도 심각하게 반대할 것이다.

미국 국가는 이라크 점령에서 철군하거나 심지어 프랑스 · 독일 · 러시아에 대한 더 폭넓은 '일방주의적' 자세를 거둬들일 수도 없다. 그렇게 하는 것은 군사적 도박에서 승리하는 것처럼 보이는 바로 그 순간에 이득을 포기하는 것이고, 다른 국가나 자본주의에 대한 영향력이 엄청나게 약화하는 위험을 무릅쓰는 것이다.

체니, 럼스펠드, 부시, 펄, 월포위츠, 기타 인사들의 지도 아래 미국은 쉽게 돌아올 수 없는 여행을 시작했다. 군비 지출 수준을 끌어올렸으므로 미국은 국제 체제의 주역들에 대한 영향력을 훨씬 더 강화하기 위한 또 다른 군사행동들을 통해 그 투자의 대가를 얻으려 할 것이다. 그러나 그 결과는 미국 자본주의에 결코 만족스럽지 않을 것이다. 100년 전의 유럽 자본주의들과 달리 미국 자본주의는 군비 지출을 보충할 금전적 이익을 제국주의에서 뽑아낼 수 없다. 제2차세계대전 기간과 냉전 초기와 달리 군비 지출에 의존해서 장기 호황을 누릴 수도 없다. 경제를 그런 호황으로 되돌리는 데 필요한 군비 지출 수준은 미국의 시장 경쟁력에 레이건 시절보다 훨씬 더 큰 손해를 끼칠 것이다. 존 K 갤브레이스가 지적했듯이, 미국이 대규모 수입에 의존한다는 것은 미국의 처지가 "1939년의 미국보다는 1914년의 유럽 열강들과 훨씬 더 닮았다"는 것을 뜻한다. "중요한 군대나 중요한 국내 경제적 노력에 돈을 대는 것, 또는 그 둘 다에 돈을 대는 것은 세계 자본시장에서 달러를 커다란 불안정에 빠뜨리고 금융 세력 저울을 — 아마 유럽 쪽으로 — 크게 변화시킬 수 있다."[76] 그러나 미국이 그 군사적 과업을 포기하면 점차 거칠어지는 세계에서 미국 다국적기업들의 이익을 보호하는 데 필요한 미국의 패권이 훼손될 것이다.

이런 이유들 때문에, 의기양양한 미국은 여전히 취약한 미국이기도 하다. 다른 열강들과의 분열은 계속될 것이다. 비록 그들이 반항하는 몸짓과 비굴한 행동 사이에서 오락가락하겠지만 말이다. 부시의 마법이 군사적 자화자찬을 이윤 증대라는 평범한 일로 변화시키지 못함에 따라 미국 주류 정치인들과 지배계급 내의 분열도 재발할 것이다.

이 중 어떤 것도 세계를 덜 야만스럽게 만들지 못할 것이다. 피 맛을 본 자들은 더 많은 피를 원할 것이고, 우리는 더한층 공격적인 전쟁들을 볼 수 있을 것이다. 그러나 그것은 전 세계에서 반전운동 건설을 더 쉽게 만들기도 할 것이다. 저들은 30~40배나 더 우세한 군사력을 사용한 전쟁에서 승리했다. 우리는 세계 역사상 가장 큰 반제국주의 시위대의 일부였다. 그리고 그 경험은 미래의 자산이 될 것이다. 또한 제국주의의 근저에 있는 약점이 이를 입증할 것이다.

후주

제1부 고전적 제국주의론

1 M Hardt, *The Guardian*, 18 December 2002.
2 B Cassen, 'On the Attack', *New Left Review*, January/February 2003, pp 52~53.
3 V I Lenin, *Imperialism: The Highest Stage of Capitalism*(London, 1933), pp 10~11.
4 같은 책, p 108.
5 같은 책, pp 20~21.
6 같은 책, pp 24~25.
7 같은 책, p 26.
8 같은 책, p 60.
9 같은 책, pp 68~69.
10 같은 책, p 69.
11 K Kautsky, 같은 책, section 7: 'Imperialism, as a Special Stage of Capitalism'에서 재인용.
12 같은 책.
13 N I Bukharin, *Imperialism and World Economy*, ch 10: 'Reproduction of the Processes of Concentration and Centralisation of Capital on a World Scale', available on www.marxists.org에서 구할 수 있다.
14 그의 주요 저작인 ≪제국주의와 세계 경제≫는 1920년대부터 1970년까지는 영어판이 출간되지 않았으며, 그의 후속 저작 ≪과도기 경제학≫의 첫번째 영어판(레닌의 방주가 달린)은 그 책이 나온 지 50년 뒤에야 출간됐다. *Economics of the Transformation Period*(New York, 1971) 참조.
15 H Feis, Europe: The World's Banker, 1879~1914의 수치들, M Kidron, 'Imperi-

alism: The Highest Stage but One', in *International Socialism* 9(first series), p 18에서 재인용.

16 이 주장과 수치들은 M Barratt Brown, *The Economics of Imperialism*(Harmondsworth, 1974), p 195 참조.

17 두 변화 사이의 경제적 연관에 대한 더 긴 논의는 C Harman, *Explaining the Crisis*(London 1984), pp 52~53 참조.

18 C Harman, *A People' s History of the World*(London 1999), p 397.

19 J A Hobson, *Imperialism: A Study*(New York, 1902), www.econlib.org

20 같은 책, part 1, ch 4.

21 M Salvadori, *Karl Kautsky and the Socialist Revolution, 1880~1938*(London, 1979), p 171.

22 같은 책, p 172.

23 같은 책.

24 모두 K Kautsky, 'Imperialism and the War', *International Socialist Review*(November 1914)에서 인용, www.marxists.org에서 찾아볼 수 있다.

25 ≪금융자본≫에 대한 카우츠키의 서평을 참조. K Kautsky, 'Finance-Capital and Crises', *Social Democrat*, London, vol 15, 1911, www.marxists.org에서 구할 수 있다.

26 R Hilferding, *Finance Capital*(London, 1981), p 225.

27 같은 책, p 225.

28 같은 책, p 304.

29 같은 책, p 325.

30 같은 책, p 226.

31 K Kautsky, 'Finance-Capital and Crises', 앞의 책.

32 R Hilferding, 앞의 책, p 294.

33 W Smaldone, *Rudolf Hilferding: The Tragedy of a German Social Democrat* (Illinois, 1996).

34 V I Lenin, introduction to *Imperialism: The Highest Stage of Capitalism*, 앞의 책.

35 같은 책, ch 3, 'Finance Capital and the Financial Oligarchy'.

36 같은 책.

37 T Cliff, 'The Nature of Stalinist Russia', in T Cliff, *Marxist Theory after Trotsky* (London, 2003), pp 116~120.

38 같은 책, p 117.

39 N I Bukharin, *Imperialism and World Economy*, 앞의 책, p 114.

40 같은 책, p 118.

41 같은 책, p 104.

42 N I Bukharin, *Economics of the Transformation Period*(New York, 1971), p 36.

43 N I Bukharin, Imperialism and World Economy, 앞의 책, pp 124~127.

44 N I Bukharin, 'Address to the Fourth Congress of the Comintern', in *Bulletin of Fourth Congress*, vol 1, Moscow, 24 November 1922, p 7.

45 V I Lenin, 'The Discussion On Self-Determination Summed Up', *Collected Works*(Moscow, 1964), vol 22, section 10: 'The Irish Rebellion of 1916'.

46 중국에 미친 영향은 예컨대 셰노(Chesneaux)의 걸작 ≪중국 노동운동≫(The Chinese Labor Movement) 참조.

47 V I Lenin, *Imperialism: The Highest Stage of Capitalism*, 앞의 책, ch 4, 'Export of Capital'.

48 레온 트로츠키는 1928년에 산업 발전에 대한 주장을 자세히 설명했다. "자본주의는 …… 가장 선진적인 나라들과 가장 후진적인 나라들의 경제적 · 문화적 수준을 균등하게 만든다. 이 중요한 과정이 없다면, 인도와 영국의 격차 완화를 …… 상상할 수가 없다"(Leon Trotsky, *The Third International After Lenin* (New York, 1957), p 209).

49 J Degras(ed), *The Comintern, 1939~43, Documents*, vol 2(London, 1971), p 527.

50 같은 책, p 528.

51 같은 책, p 529.

52 같은 책, p 534.

53 R Debray, 'Problems of Revolutionary Strategy in Latin America', *New Left Review* 45, September-October 1967.

54 마이클 배럿 브라운(Michael Barratt Brown)은 그 증거를 자세히 검토한 뒤에 이렇게 결론 내린다. "1900년부터 1930년까지 저발전국들이 수량 기준이든 단위 가치 기준이든 이득을 봤다는 점이 중요하다"(M Barratt Brown, *The Economics*

of Imperialism(Harmondsworth, 1974), p 248).

55 I Roxborough, *Theories of Underdevelopment*(London, 1979), pp 27~32.

56 이 문제에 관해 레온 트로츠키는 멕시코 망명 당시 라틴아메리카를 다룬 글에서 약간 혼란을 보여 줬다. 그는 바르가스 정부 시절의 브라질을 "반(半)파시스트" 체제라고 하기도 하고 "반(半)식민지"라고 하기도 한다. L Trotsky, *Escritos Latinoamericanos*(Buenos Aires, 1999) 참조.

57 V I Lenin, *Imperialism: The Highest Stage of Capitalism*, 앞의 책, section 7, 'Imperialism, as a Special Stage of Capitalism'.

58 C Harman, *Explaining the Crisis*(London, 1984), p 71.

59 이런 긴장에 대한 설명은 G Kolko, *The Politics of War*(New York, 1968) 참조.

제2부 냉전 시기의 제국주의

1 F Sternberg, *Capitalism and Socialism on Trial*(London, 1950), p 538.

2 O G Wichel, *Survey of Current Business*(August 1980), p18에 나오는 수치들.

3 자세한 내용은 C Harman, *Class Struggles in Eastern Europe 1945~83*(London, 1988), pp 42~49 참조.

4 *Financial Times,* 16 November 1987 에 나오는 앨런 윈터스(Alan Winters)의 계산.

5 New York Times, 5 July 1950, T N Vance, 'The Permanent War Economy', *New International,* January-February 1951에서 인용.

6 미국의 군비 지출 수준을 보여 주는 그래프들은 www.albany.edu 참조.

7 C Harman, *Explaining the Crisis,* 앞의 책, p 80에 나오는 다양한 계산들 참조.

8 마르크스주의 이론과 관련해 이런 내용을 설명한 것은 같은 책, pp 81~82 참조.

9 M Kidron, 'Imperialism: The Highest Stage but One', in *International Socialism,* first series, no 9, 1962, www.marxists.de에서 구할 수 있다.

10 J Stopford and S Strange, Rival States, *Rival Firms*(Cambridge, 1991), p 16.

11 모든 수치는 M J Twomey, 'Patterns of Foreign Investment', in JH Coastsworth and A M Taylor, *Latin America and the World Economy since 1800*, p 188 참조.

12 이언 록스버러(Ian Roxborough)가 지적하듯이, 군더 프랑크는 "한 번도 자신을 마르크스주의자라고 주장한 적이 없었다"(I 록스버러, 앞의 책, p 49).

13 P Baran, *The Political Economy of Growth*(Harmondsworth, 1973), p 399.

14 같은 책, p 416.

15 A Gunder Frank, *Capitalism and Underdevelopment in Latin America*(Harmondsworth, 1971), pp 35~36.

16 바란은 스탈린 통치의 어떤 특징들을 비판하기도 했지만, 스탈린 자신의 말을 우호적으로 인용했고 옛 소련의 농업 성과나 생활수준에 대한 스탈린주의자들의 거짓말을 되풀이했다. 예컨대, P 바란, 앞의 책, p 441 참조. 바란의 평가와 대조적으로 소련에서 발표한 수치들을 비판적으로 엄밀하게 평가한 것으로는 토니 클리프의 1940년대와 1950년대 저작들, 예컨대 'The Nature of Stalinist Russia'(written in 1947), in T Cliff, *Marxist Theory after Trotsky*, 앞의 책, pp 116~120 참조.

17 아르헨티나에서 영국이 한 구실에 대한 논의는, 예컨대 R Miller, *Britain and Argentina in the Nineteenth Century*(New York, 1993), R Gravil, *The Anglo-Argentine Connection 1900~1939*(Boulder and London 1985), R Hara, 'Landowning Bourgeoisie or Business Bourgeoisie', *Journal of Latin American Studies*, 34(August 2002), pp 587~623, D C M Platt and G di Tella(eds), *Argentina, Australia and Canada: Studies in Comparative Development*(London, 1985), M A Garcia, *Peronismo: desarrollo economico y lucha de clases en Argentina*(Espluges de Llobregat, 1980)(이 중요한 저작의 페론주의에 관한 장(章)은 다음 웹페이지에서 찾아볼 수 있다. http://humano.ya.com/flasheva/miguel.htm) 참조.

18 M Kidron, 'Memories of development', *New Society*, 4 March 1971. 이 글은 M Kidron, *Capitalism and Theory*(London, 1974), p173에 재수록됐다.

제3부 제국주의와 '세계화'

1 예컨대, E Mandel, *Europe Versus America*(London, 1970) 참조.

2 1970년대 말의 OECD 계산에 따른 것.

3 *Financial Times*, World Banking Survey, 22 May 1986.

4 같은 글.

5 Financial Times, International Capital Markets Survey, 21 April 1987.

6 J Burke and G Epstein, 'Threat Effects of the Internationalisation of Production', Political Economy Research Institute working paper series, no 15(University of Massachusetts, 2001).

7 UNCTAD, 'Overview', *World Investment Report 2001*, table 1.

8 J Burke and G Epstein, 앞의 글.

9 같은 글.

10 미국 경제분석국(Bureau of Economic Analysis) 웹사이트에 나오는 수치들.

11 H Skytta, *The European Union and World Trade*, Speakers Bureau, November 2002.

12 J Burke and G Epstein, 앞의 글.

13 이 표는 P Hirst and G Thompson, *Globalisation in Question*(London, 1996), pp 91~94의 수치들에 바탕을 둔 것이다.

14 W Ruigrok and R van Tulder, *The Logic of International Restructuring* (London, 1995), p 156.

15 www.jil.go.jp에 나오는 수치들.

16 W Ruigrok and R van Tulder, 앞의 책, pp 157~158.

17 M F Hijtjes, R Olie and U Glunk, 'Board Internationalisation and the Multinational Company'(Amsterdam, 2001).

18 마이크로소프트와 엑손모빌 웹사이트 참조.

19 Interview with Louis Schweitzer on www.renault.com

20 Global Anti-Counterfeiting Group, in *Financial Times*, 30 April 2002의 추정치.

21 이것이 미국 기업의 수출에 얼마나 중요했는지 설명한 것으로는 R Brenner, *The Boom and the Bubble*(London, 2002), pp 59~64 참조.

22 W Ruigrok and R van Tulder, 앞의 책, p 219.

23 D Bryan, 'Global Accumulation and Accounting for National Economic Identity', *Review of Radical Political Economy* 33(2001), pp 57~77.

24 D Halberstam, The Best and the Brightest(London, 1970), p 78에서 재인용.

25 자세한 내용은 C Harman, *The Fire Last Time*(London, 1987) 참조.

26 www.albany.edu/~fordham/의 그래프 참조.

27 이 과정을 잘 묘사한 것은 P Gowan, *The Global Gamble*(London and New York, 1999)의 제1부, pp 3~240이다. 그러나 그는 모든 것을 미국 정부가 계획한 것으로 보는 경향이 있다. 세계 체제의 예기치 못한 변화에 대한 미국 정부의 대응으로 보는 것이 아니라 말이다.

28 예컨대, H Kissinger, *Diplomacy*(New York, 1994)와 Z Brzezinski, *The Geostrategic Triangle*(Washington, 2001).

29 J Perlez, 'Blunt Reason For Enlarging NATO: Curbs On Germany', *New York Times*, 7 December 1997.

30 H Kissinger, 앞의 책, p 809.

31 같은 책, p 813.

32 같은 책, p 821.

33 같은 책, p 116.

34 Z Brzezinski, 앞의 책, p 4.

35 같은 책, p 29.

36 같은 책, p 31.

37 같은 책, p viii.

38 이 집단의 연속성이나 1990년대에 그들의 견해가 발전한 것에 대해서는 A Callinicos, 'The Grand Strategy of the American Empire', *International Socialism 97*(Winter 2002) 참조.

39 *Weekly Standard*, 7 September 1997.

40 Project for the New American Century, *Statement of Principle*, 7 June 1997.

41 Project for the New American Century, letter of 29 May 1998.

42 군비 증강에 찬성표를 던진 민주당원들의 비율은 1993년과 1998년 사이에 두 배로 늘었다. 비록 여전히 공화당원들보다 낮긴 했지만 말이다. www.albany.edu/~fordham/dec12.pdf의 그래프 참조.

43 *Financial Times*, 19 February 2003에 실린 외국인의 대미 순대출 그래프 참조.

44 M Wolf, *Financial Times*, 19 February 2003.

45 같은 글.

46 scienceforpeace.sa.utoronto.ca에서 찾아볼 수 있다.

47 A J Chien, 'Iraq: Is It About Oil?', Znet, 13 October 2002.

48 Unedited transcript, Middle East Policy Council, Thirty-First Capitol Hill Conference on US Middle East Policy, 'In the Wake of War: Geo-strategy, Terrorism, Oil Markets, and Domestic Politics'.

49 M Wolf, *Financial Times*, 19 February 2003.

50 United Nations Conference on Trade and Development, *World Investment Report 2001*, p 10.

51 J Burke and G Epstein, 앞의 글, p 5.

52 European Union, 'Questions Related to Our Bi-regional Partnership with Latin America and the Caribbean', on www.delbnol.ced.eu.int

53 *Financial Times*, 3 April 2003에서 재인용.

54 A Moravcsik, *Financial Times*, 3 April 2003.

55 같은 글.

56 G Monbiot, 'The Bottom Dollar', *The Guardian*, 22 April 2003.

57 *Financial Times*, 1 December 2002.

58 P Rogers, *The Guardian*, 13 January 2001.

59 Report by the Techint group of companies, June 2001, www.techint-group.com

60 *Financial Times*, 13 July 1990.

61 J Burke and G Epstein, 앞의 책, p 2.

62 *HIPC: How the Poor are Financing the Rich*에서 Jubilee Research가 밝힌 수치. A report from Jubilee Research at the New Economics Foundation by Romilly Greenhill and Ann Pettifor, April 2002, on www.jubilee2000uk.org

63 'Trade Makes US Strong', www.ustrade.org

64 M C Penido and D Magalhaes Prates, 'Financial Openness: The Experience of Argentina, Brazil and Mexico', *CEPAL Review* 70(April 2000), p 61.

65 같은 책, p 60.

66 A Calderon and R Casilda, 'The Spanish Banks Strategy in Latin America', *CEPAL Review* 70(April 2000), pp 78~79.

67 같은 책, p 79.

68 M C Penido and D Magalhaes Prates, 앞의 책, p 63.

69 F Chesnais, *La Mondialisation du Capital*(Paris, 1997), p 83.

70 라틴아메리카 나라들과 미국 주(州)들의 상대적 국내총생산 규모에 관한 수치들은 *IMF Staff Country Report 99/101*, September 1999 참조.

71 2002~2003년 베네수엘라 휴업 사태의 경우, 베네수엘라 지배계급의 핵심 부문은 차베스 정권에 대한 증오가 너무 지나쳐 미국의 즉각적인 전술적 이익을 거스르는 행동을 하는 데까지 나아갔다. 미국은 이라크 전쟁을 준비하고 있던 바로 그때 베네수엘라의 석유 공급이 축소되는 것을 결코 원하지 않았다(베네수엘라는 미국의 세 번째로 큰 석유 수입원이다). 차베스 제거 시도가 실패한 한 가지 이유는 미국이 바라는 것에 대한 이런 오해였다. 친(親)야당계 신문 칼럼니스트들은 2002년 여름 이후 미국의 지원이 늘지 않았다고 탄식한다.

72 *Theses, Resolutions and Manifestos of the First Four Congresses of the Communist International*(London, 1980), p 80.

73 이윤율 저하 경향에 대한 자세한 설명은 R Brenner, *The Boom and the Bubble*, 앞의 책, table 1.2와 figures 1.1, 1.2, 1.3, 1.4, 2.9, 2.10, 2.11, 10.1, 11.1 참조. 그가 고전 마르크스주의의 "이윤율의 경향적 저하 법칙"을 거부하는 잘못을 범하고 있긴 하지만, 저하 경향을 보여 주는 그의 증거는 아주 설득력 있다.

74 이것을 진지하게 시도한 것으로는 J Tatom, 'Iraqi Oil is not America's Objective', *Financial Times*, 14 February 2003.

75 적어도 한 명의 친(親)자본주의 경제학자는 최근의 전쟁 훨씬 전에, 군대와 중동에서 미국의 영향력을 유지하는 데 드는 다른 비용들을 고려하면 미국에게 중동 석유 비용이 "현물 가격보다 두 배에서 다섯 배 더 비싸다"고 주장했다. N A Bailey, 'Venezuela and the United States', in L W Goodman et al(eds), *Lessons of the Venezuelan Experience*(Washington, 1995), pp 391~392 참조.

76 J K Galbraith, 'Thoughts on the War Economy', on utip.gov.utexas.edu